Hans-Joachim Wolfram

30 Jahre

Außenseiter

Spitzenreiter

D1719386

Machtwortverlag

Bibliografische Information Der Deutschen Bibliothek
Die Deutsche Bibliothek verzeichnet diese Publikation in der Deutschen
Nationalbibliografie; detaillierte bibliografische Daten sind im Internet
über http://dnb.ddb.de abrufbar

Machtwortverlag * Orangeriestr. 31 * 06847 Dessau
Tel.: 0340-511558

Satz und Layout: Grafikstudio Lückemeyer, Dessau

© Machtwortverlag, Dessau, 2003

1. Auflage 2003

ISBN 3-936370-38-9

Damit Sie sofort wissen, ob sich der Kauf dieses Buches gelohnt hat, möchte ich Ihnen erst einmal mitteilen, was Sie erwartet. Im Jahre 2003 läuft die Fernsehsendung „Außenseiter-Spitzenreiter" in ihrem 31. Jahr, am 12. Februar das 250. Mal. Das ist für mich Anlass, Tausenden Hobbyautoren Dankeschön zu sagen, weil sie diesem Oldtimer mit ihren Zuschriften in der von Jahr zu Jahr vielfältiger werdenden Fernsehlandschaft immer wieder zu neuem Glanz verhalfen. Zwar waren und sind wir die „Macher" doch bildeten Zuschauerfragen von Anfang an und bis heute den Ausgangspunkt für die meisten unserer Beiträge. Dieses Buch möchte ich den vielen Zuschauern widmen, die dadurch gewollt oder ungewollt in den Mittelpunkt vieler Alltagsgeschichten gestellt wurden.

Wie sagt man so schön: Wir erinnern uns und lassen alles noch einmal Revue passieren. Sie werden staunen, dass Menschen auftauchen, von denen Sie glauben, Ihnen erst gestern begegnet zu sein. Und dabei war es zuweilen vor mehr als 20 Jahren! Wer ein biographisches Werk erwartet, den muss ich enttäuschen. Meine Biographie spielt eher am Rande eine Rolle, im Zentrum – sowohl dieses Buches als auch meiner Biographie – stehen Menschen, denen ich begegnet bin, mit denen ich gemeinsam Ideen gefunden habe, die für Sie oft zu Bildschirmerlebnissen wurden. Ohne diese ständige Partnerschaft wäre ich in meinem Fernsehleben nicht weit gekommen.

Dieses Buch wird sicherlich für diejenigen Leser, die schon immer das Programm empfangen konnten, auf dem „Außenseiter-Spitzenreiter" ausgestrahlt wurde, von besonderem Interesse sein. Aber auch die anderen werden schnell merken, dass bei unserem „Kundendienst für Neugierige" stets Leute am Werk waren, die Sinn für die heiteren Seiten des Lebens hatten. Inzwischen kann ich von Sendung zu Sendung mit steigender Tendenz feststellen, dass wir in dieser Hinsicht überall in Deutschland immer mehr Anhänger finden.

Irgendwann fängt alles einmal an. Wir schreiben das Jahr 1971. Weil Untersuchungen ergeben hatten, dass die Fernsehzuschauer zwischen Rostock und Suhl mit dem Programm weniger zufrieden waren, als es sich die Fernsehchefs wünschten, erschallte in regelmäßigen Abständen ein Ruf durch die Redaktionsstuben: Wir brauchen neue Sendungen. Anders als zuvor war das aber dieses Mal offenbar wirklich ernst gemeint, wurden Vorschläge nicht gleich wegen kurzsichtiger politischer Bedenken „abgeschmettert" bevor man über sie nachgedacht hatte.

Auch ich versuchte wieder einmal, für die Wortunterhaltung im DDR-Fernsehen eine Lanze zu brechen. Mein Vorschlag: eine Hitparade des Wortes. Es sollten Themen angeboten werden und die Zuschauer entscheiden was sie davon sehen wollen. Ganz einfach. Wer nämlich die Zuschauerpost analysierte, konnte schon damals feststellen, dass die Leute zahlreiche Fragen hatten, mit denen sie sich immer wieder einfach an das Fernsehen wandten. Es galt also nur zu entscheiden, was von allgemeinem Interesse war, um eine Art „Kundendienst" einzurichten.

25 Unterhaltungsexperten waren anwesend, als der Vorschlag zum ersten Mal geprüft wurde, und nur vier, glücklicherweise nicht unwesentliche Leute, gaben dem Unternehmen eine Chance. Das waren Horst Lehn – damaliger Unterhaltungschef, seine Frau Evelin Matt, der Unterhaltungsfachmann Heiner Strietzel und der langjährige Sportchef Werner Cassbaum. In dieser Fünferrunde wurde anschließend beschlossen, das Ganze nebenbei weiterzubetreiben, ein Modell zu entwickeln und außerplanmäßig zu produzieren. Alle anderen konnten sich überhaupt nicht vorstellen, dass man eine Sendung ganz auf die unorganisierte Aktivität der Bevölkerung aufbauen könnte. In wochenlanger Denkarbeit, bei der mich der spätere langjährige Regisseur unserer Sendung Edgar Zahn sehr unterstützte, wurde das Konzept entworfen und das Manuskript für eine mögliche erste Sendung geschrieben. Das war naturgemäß

noch „Trockentraining", von dem wir nicht sicher sein konnten, ob die Realisierung auch tatsächlich über die Bildschirme flimmern würde. Aber nicht nur wir hatten Feuer gefangen. Befreundete Redakteure und Regisseure gaben Hinweise. Evelin Matt erfand den Titel „Außenseiter-Spitzenreiter", Wolfgang Niederlein kam auf die Idee für den Untertitel, „Kundendienst für Neugierige", und Karl-Gerhard Seher wollte Helmut Merten mit seinen reizvollen Collagen einbeziehen. Schließlich empfahl mir Jürgen Heimlich, den ich für die Kamera gewinnen wollte, Hagen Lettow, den seiner Meinung nach besten Mann an der Dokumentarkamera hierzulande. „Last but not least" gab irgend jemand den Tipp: Wenn du noch einen vor der Kamera benötigst, denke an Hans-Joachim Wolle, der beim kritischen Magazin „Prisma" schon einige amüsante Beiträge gedreht hat. Die Ähnlichkeit unserer Namen war nur Zufall, trotzdem zeigte die Zukunft, dass wir uns gut ergänzten. Alle hatten Lust mitzumachen und glaubten an einen Erfolg. Es ging los.

Am 7. April 1972 erfolgte in Karl-Marx-Stadt (heute wieder: Chemnitz), einen Tag nach der Aufzeichnung einer anderen Sendung – gewissermaßen kurz vor der Abreise – die erste Produktion der Sendung „Außenseiter-Spitzenreiter." Zu meiner großen Überraschung war durch die Fernsehverantwortlichen ein zweiter Kandidat für die Moderation bestellt worden. Es war noch offen, wer die Sendung präsentieren sollte. Nach zwei Stunden Probeaufzeichnung verkündete Regisseur Karlgerhard Seher: Ich hätte zwar mit meinem treuen Hundegesicht wahrscheinlich keine große Fernsehzukunft, aber dennoch weitaus besser gewirkt als mein Konkurrent.

Das Spiel konnte beginnen. Welchen Inhalt galt es zu transportieren? Noch lagen uns ja keine Zuschauerfragen vor. Ich erinnerte mich im Vorfeld an meine Rundfunksendung beim Sender Dresden, „Für Unbefugte Zutritt verboten." Durch die Hörer-Zuschriften wusste ich schon ein wenig, wofür sich die Leute interessieren. Auch Helmut Schwarz vom Berliner Rundfunk versuchte ich zu gewinnen, der mit seinen lustigen Umfragen im Frühprogramm des Senders einen großen Zuhörerkreis hatte.

Bei „Außenseiter-Spitzenreiter" sollte er nun nicht nach einem Schulranzen für Zwillinge fragen, sondern eine telegene Aufgabe lösen, z. B. im „Haus der heiteren Muse" bei einer Fernsehveranstaltung Gäste überreden, mit ihm den Platz zu tauschen. „Warum?", lautete fast jedes Mal die Gegenfrage. – „Weil ich erfahren habe, dass man genau hier im Bild ist und den Daheimgebliebenen winken kann." – Ein Herr hatte Verständnis und stellte seinen Platz zur Verfügung. Allerdings nur für eine Minute – er musste nämlich feststellen, dass sich der Tauschplatz in der letzten Reihe direkt hinter einer Säule befand.

Aus meiner Rundfunkkiste wurde auch eine Frage übernommen: Sagt oder singt der Opernsouffleur vor? – Um darauf eine Antwort zu finden, durfte ich in der Deutschen Staatsoper Berlin im 1. Akt der „Zauberflöte" neben Souffleur Göhlert im Kasten sitzen und verfolgen, dass er beides tut. Er erzählte in der Sendung von seiner größten Bewährungsprobe, die er übrigens gerade in dieser Zauberflöte bewältigte, als Papageno einmal seinen Auftritt verpasst hatte: Göhlert sang geistesgegenwärtig und unbemerkt von den Zuschauern das Duett mit Papagena aus dem Kasten!

Im Verlaufe der Aufzeichnung sah ich übrigens zum ersten Mal auf Zelluloid meinen jahrelangen Mitstreiter Hans-Joachim Wolle, der nach einer telefonischen Absprache nach Magdeburg gereist war, wo Jean-Claude Pascal gastierte, der fast jedes zweite Chanson mit einer Zigarette in der Hand zelebrierte. „Welche brandschutztechnischen Voraussetzungen sind bei Pascal-Auftritten erforderlich?", wollte ein Fernseh-Zuschauer wissen. Ich war von Wolles Machart begeistert und vor allem von der Kameraführung Hagen Lettows, dessen Arbeit ich hier ebenfalls zum ersten Mal begegnete.

Für die erste Sendung hatten wir nach weiteren interessanten Themen gesucht und uns gefragt: Worüber freuen sich denn die Leute überhaupt? Damals immer über das Aktfoto im „Magazin". Eine Frage dazu fand sich leicht: Wer sucht die Fotos aus? Es waren zwei: Brigitte Voigt und Frank Leuchte. Sie kamen als Gäste in unser leeres Studio; mit einem technischen Verfahren wurden sie vor, hinter, über oder unter die Collagen von Merten eingetrickst. Irgendwie saßen wir zwischen Busen und Popos – Mertens Spezialstrecke –, die in den folgenden Jahren ein nicht mehr wegzudenkender Bestandteil der Sendung wurde.

Ferner organisierten wir ein Wiedersehen mit den Fernsehkindern Atze und Täve aus dem Film „Papas neue Freundin", in dem auch Angelica Domröse, Peter Herden, Helga Raumer und andere mitspielten. Die Zuschauer erfuhren, wie man arabisch Kaffee kocht, ob man Schlangen als Haustiere halten kann und lernten die erste Taxi-Fahrerin Deutschlands kennen. Schließlich verkündeten wir das Ergebnis einer Umfrage zum Thema: Was halten Frauen von langen Unterhosen? Das war mit Sicherheit nicht unser bestes Umfragethema, trotzdem überraschte das Ergebnis – die langen Unterhosen hatten nur eine einzige weibliche Gegenstimme.

Wenn ich mir heute die Fragen anschaue, die wir ins Rennen schickten, wundere ich mich fast über den schnellen Erfolg. Sie waren fast allesamt auf unserem Mist gewachsen, und ich erkenne heute sofort, dass des „Volkes Weisheit" noch fehlte. Wir haben später oft eine Zuschrift in der Runde vorgelesen und mit Bewunderung festgestellt, dass man auch bei angestrengter Ideenarbeit nie auf diese oder jene Fragen gekommen wäre. Jedenfalls wurde unsere erste Sendung am 18. Juni 1972, 20.00 Uhr, im 1. Programm des DDR-Fernsehens ausgestrahlt. Ich hielt mich zu dem Zeitpunkt in Leupoldishain in der Sächsischen Schweiz auf. Dort war auf dem Bauernhof, auf dem ich wohnte, vormittags der Fernseher vom Tisch gefallen und kaputtgegangen. 19.30 Uhr klingelte ich mutig im Nachbargrundstück bei Revierförster Pietsch und fragte, ob ich bei ihm fernsehen dürfte. Er gewährte mir die Bitte. Und noch Jahre später erinnerte er sich mit Freude daran, dass er die Geburtsstunde von „Außenseiter-Spitzenreiter" mit mir gemeinsam erlebte.

Unsere Premiere fand allgemein positive Resonanz, und so beschloss die Sendeleitung, „Außenseiter-Spitzenreiter" zusätzlich in das laufende, bereits geplante Programm aufzunehmen. In den Becher der Freude fiel allerdings ein Wermutstropfen: Sonja Menkwitz – eine Kollegin der Fernsehpoststelle, die von meinem Sendevorhaben wusste und mir Post mit außergewöhnlichen Fragen gesammelt hatte, musste einen Tag nach der Sendung aus gesundheitlichen Gründen ausscheiden. Sie gehört auf jeden Fall zu den Pionieren von „Außenseiter-Spitzenreiter".

Apropos Post. Fünf Tage nach der Sendung rief besagte Poststelle in unserer Redaktion an und bat, dass jemand vorbei käme. Wir schickten nichtsahnend ausgerechnet eine schmächtige Kollegin; nach ein paar Minuten kehrte sie zurück und forderte Verstärkung. Der Postsack war so groß, dass eine Person ihn unmöglich allein tragen konnte. Schon für die zweite Folge benötigte ich keinen Griff mehr in die eiserne Reserve.

Gibt es einen Pferdezahnarzt? – Es gab einen, der mit eigenen Geräten den Vierbeinern auf den Zahn fühlte. Mac Manus sein Name und für viele ältere Turf-Freunde ein Begriff.

Wie ist der polnische Schauspieler Stanislaw Mikulski privat? Bekannt wurde er in der DDR durch eine polnische Fernsehreihe in der Rolle des Hauptmann Kloss.

Wer macht die Geräusche beim Film? – Heppner hieß der Mann, der es allen eindrucksvoll zeigte.

Bei der Beantwortung der Frage, „Wie reist ein Stabhochspringer mit seinem Stab?", hatte Manfred Preusker Jahre nach seiner Karriere einen gewaltigen Publikumserfolg. Für alle Fahrten – u. a. zum und vom Flughafen, vom Hotel zu den Wettkampfstätten – musste ein Extra-Fahrzeug bestellt werden, meist ein LKW mit entsprechender Länge. Manfred Preusker erzählte lebendig von besonders abenteuerlichen Erlebnissen.

Spätestens jetzt hätten wir einen solchen Reiseverlauf im Bild zeigen müssen und so reifte bei uns die Erkenntnis, dass Zuschauerfragen vor Ort am besten zu beantworten sind.

Bevor das möglich wurde, mussten wir für zwei Sendungen im Oktober und November 1972 noch einen Kompromiss eingehen. Die Zuschauer schrieben unaufhaltsam. An Themen mangelte es nicht.

Wie werden die Eier in der Eierlikörfabrik aufgeschlagen?

Wie küssen sich Schauspieler beim Film? – Ich spielte meine 1. Rolle im Fernsehen und küsste nach entsprechender Anleitung die Schauspielerin Barbara Dittus.

Gibt es Schäferinnen?

Wer spricht die meisten Sprachen? – Ein Dr. Lotze aus Berlin beherrschte 17 perfekt.

Seit 1970 verbindet mich mit dem Westberliner Musikverleger Gerhard Hämmerling eine herzliche Freundschaft. Er schenkte mir zum Start meiner Sendung seinen Titel „Top the day with funny play", der bis heute, wenn auch neu arrangiert, Vor- und Abspannmelodie von „Außenseiter-Spitzenreiter" ist. Hämmerling betreute damals auch die Gastspiele von Mireille Mathieu in Deutschland und vermittelte mir einen kostenlosen Auftritt der Sängerin in meiner Sendung. Auf der Weidendammbrücke stellte ich ihr zehn Fragen, in deren Beantwortung sich auch der legendäre Mathieu-Manager Johnny Stark einschaltete. Die Stimmung, die der damalige Superhit der Mathieu: „Hinter den Kulissen von Paris" auslöste, war es wohl, die uns dazu inspirierte ohne jede Scheu vor großen Namen, auch andere bekannte Künstler um eine gagenlose Mitwirkung zu bitten. Und bevor das Jahr zu Ende ging, traten ganz privat noch Marcel Marceau, das Fernsehballett und der 1972 von den

Zuschauern als Filmbösewicht schlechthin empfundene Rolf Hoppe bei uns auf.

Wir hatten uns langsam an die Besonderheiten einer Sendereihe gewöhnt. Zum Beispiel daran, am Tag nach einer Sendung jedes Mal plötzlich wieder vor einem Nichts zu stehen. Auf Vorrat zu arbeiten, hatte sich als ungünstig erwiesen, weil jeder Beitrag sein aktuelles Umfeld braucht. So auch das erste Thema, das wir 1973 anpackten: Bei uns war die Frage eingetroffen: Wer darf nach der Sendung die Gerichte vom Fernsehkoch essen? Also, auf in die Ostseemetropole und nachschauen. Im Fernsehstudio Rostock wurde damals nämlich die Sendung mit dem Fernsehkoch Kurt Drummer produziert. An einem Januartag war es, genau drei Tage vor der Sendung. Drummer durfte, wie wir erfuhren, nur Speisen empfehlen, für die es im Moment alle Zutaten gab. Ein Frischgemüseessen im Winter vorzuschlagen, wäre völlig undenkbar gewesen. In unserem Fall gab es wohl gerade Kaninchen in der DDR, deren Läufchen von Drummer in einer mit Weinbrand abgeschmeckten Sauce kredenzt wurden. Sie wurden nach der Sendung jedenfalls in kleinen Kostproben an alle Helfer im Studio verteilt. Wir bekamen auch etwas ab. Der Knüller unseres Berichtes war eine interne Entdeckung. Der Fernseh-Chef in Rostock, ein gewisser Herr Höschel, galt, so erzählte man, als einer der pünktlichsten, vor allem am Feierabend. Er hatte zuvor u. a. als Landwirtschaftsredakteur beim Fernsehen gearbeitet und danach auch einige Unterhaltungssendungen moderiert und war dann „hochgestiegen" in den Norden. Er wurde Chef vom Ostseestudio Rostock. Wenn die Sendung vom Fernsehkoch aufgezeichnet wurde, machte er freiwillig Überstunden und stand als erster in der Reihe, wenn die Speisen verteilt wurden.

Lange im Gespräch blieb auch unsere Reportage vom Vermessen einer Rolle Toilettenpapier in der Schönhauser Allee. Es war ein stürmischer Tag, und wir benötigten viele Helfer, um das Papier zu straffen, damit eine exakte Messung erfolgen konnte. Es gab ein großes Gaudi am Drehort, kein Mensch hatte eine Ahnung, wie lang so eine Rolle sein könnte, denn auf diese Frage war wirklich noch niemand gekommen. Wie sich anschließend herausstellte, überraschte unser Messungsergebnis auch den Betriebsleiter der Herstellerfirma – 41,5 m die Länge der ersten Rolle. Die Gegenproben ergaben 44,3 m; 43 m; 40,5 m; 39 m. Für jede Rolle unter 40 in Länge versprach der Betriebsleiter dem jeweiligen Kunden eine neue Rolle. Das war unsere bedeutendste Errungenschaft im Gespräch mit dem verlegenen Papierboss. Von diesen Ergebnissen berichtete die Presse ausführlich.

Zu dieser Zeit stand übrigens fast jeden Tag etwas über uns in der Zeitung. Bei Interviews kam häufig die Frage: Wie viel Kilometer müsst ihr für eine Sendung fahren, ehe alles zusammengetragen ist? – Es waren damals 7.000 km pro Sendung – in der kleinen DDR allerhand. Sie kamen zustande, weil manchmal plötzlich ein Knüller gemeldet wurde aus einer Gegend, die wir gerade verlassen hatten. Einmal war ich z.B. gerade aus Karl-Marx-Stadt zurückgekehrt und schaute mir im Schneideraum Filmmuster an.

Die erfolgreiche Eiskunstlauftrainerin Jutta Müller hatte mir im Küchwaldstadion vorgeführt, dass sie ihren Showtanz aus den 50er Jahren, den „Tango-Max", noch ganz gut drauf hatte. Im gleichen Augenblick kam jemand herein, und ein zarter Fluch ging über meine Lippen: Wir mussten noch einmal in den Süden. Ein heißer Tipp war eingetroffen: In Greiz fährt eine 48jährige Dame täglich mit dem Roller zur Arbeit. 24 Stunden später stand ich schon wieder im Schneideraum und konstatierte: Es hat sich gelohnt, denn ich betrachtete lustige Bilder. Eine erwachsene Frau mit Hut düste durch die Straßen einer Stadt. Morgens verließ sie die Wohnung 10 Minuten vor Arbeitsbeginn, denn es ging nur bergab. Bereits nach 8 Minuten passierte sie das Werktor. Zurück musste sie den Roller schieben, der Heimweg dauerte leider 25 Minuten – die Kehrseite der Medaille.

Es gab natürlich auch eine Reihe von Anfragen, die uns mehrere Wochen lang beschäftigten und für die umfangreiche Recherchen notwendig waren, z.B. galt es herauszufinden, da es für die sogenannte ernste Musik keine Hitparaden gab, wer denn dort die Spitzenreiter waren. Mit Hilfe von Rundfunkstationen, Schallplattengeschäften und Musikverlagen ermittelten wir eine Reihenfolge:
1. Platz Giuseppe Verdi mit dem Freiheitschor aus Nabucco,

2. Platz Peter Tschaikowski mit dem b-Moll-Klavierkonzert,
3. Platz - und das war die große Überraschung – Hans-Hendrik Wehding mit dem Goldenen Pavillon.
Vierter war Ludwig van Beethoven mit der 9. Sinfonie. Ich erwähne den 4. Platz deshalb, weil ich am Tag nach der Sendung Wehding traf. Er hatte damals seinen zweiten Wohnsitz in Berlin-Karolinenhof – bei mir um die Ecke. Als ich früh das Haus verließ, kam er gerade mit dem Auto, hielt an, drehte das Fenster herunter und rief: „Gestern war ein großer Tag für mich. Jetzt weiß es die Welt – Wehding vor Beethoven!"
In welch wunderbare Situationen wurden wir durch die hinreißenden Fragen unserer Zuschauer gebracht: „Können Babys vertauscht werden?", lautete eine solche. Wir drehten auf einer Geburtenstation und erlebten das Eintreffen der Angehörigen, die an der großen Scheibe zum ersten Mal den Familienzuwachs begutachten konnten. „Ganz der Vater!" – „Sieht Tante Erna ähnlich!" – „Von wem hat er die schönen blauen Augen?!" – „Sie kommt ganz nach der Oma!", lauteten einige liebenswerte Kommentare. Schließlich wurde uns gezeigt, dass jedem Neugeborenen schon Sekunden nach dem ersten Schrei ein Armband angelegt wird, so dass eine Verwechslung ausgeschlossen ist. Es wäre auch schlimm, „denn stellen Sie sich vor", kommentierten wir damals, „wenn Rolf Herricht als Baby vertauscht worden wäre, hätte es das erfolgreiche Duo Herricht-Preil nie gegeben."

Große Ereignisse warfen ihre Schatten voraus. Die Abteilung Bühnentechnik stellte auf dem Berliner Alexanderplatz ein großes Fernrohr auf. Es wurde auf die Kuppel des Fernsehturms gerichtet, wo wir ein Transparent mit der Aufschrift „Sie werden gerade gefilmt" angebracht hatten. Hintergrund dieser Aktion war die Bitte vieler Zuschauer, endlich einmal zu ermitteln, wer neugieriger ist – die Männer oder die Frauen. Da stand es nun, unser Fernrohr. Frauen nahmen es gelassen zur Kenntnis, Kinder in ihren Besitz. Dann kamen die Männer und vertrieben die Kinder förmlich, um selbst zu schauen, was zu sehen ist. Die Entscheidung fiel nach dreistündiger Beobachtung: Männer sind eindeutig neugieriger als Frauen.

Nachdem ich eine Woche später mit der von uns im Publikumsauftrag gesuchten jüngsten Oma der Republik (31) in der Disco einen Treff hatte, bereitete mir ein weiteres Rendezvous zwar nicht gerade Kopfzerbrechen, aber doch immerhin eine schlaflose Nacht.

Wie werden beim Film Bettszenen gedreht? Wer darf – außer dem Kameramann – noch zuschauen? – Was wurde benötigt: ein Studio, ein Bett und eine Frau. Studio und Bett bestellten wir bei der Produktionsleitung, die Frau suchte ich mir alleine. Wenn ich schon ahnungslos war, sollte wenigstens sie Erfahrungen mitbringen. Wir fragten uns, wer zuletzt beim Film Bettszenen gedreht hatte? – Natürlich, die reizende Traudl Kulikowsky. Und welches Glück: damals verheiratet mit dem Regisseur Horst Seemann. Da hatten wir gleich einen kompetenten Gesprächspartner und obendrein noch den Mann, der das Unternehmen inszenieren konnte. Beide sagten zu, und so saß ich dann – als damals 39jähriger – an einem Mittwochvormittag pünktlich im Bett mitten in einem hell erleuchteten Studio in Berlin-Johannisthal. Wie befohlen mit freiem Oberkörper (ich hätte mich auch ganz zeigen können, denn der Slip, den ich trug, war der teuerste, den ich im Exquisit erstehen konnte – mir konnte also nichts passieren). Dann kam sie – wie ein Engel im durchsichtigen Flatterhemd. Sie stieg direkt zu mir ins Bett, setzte sich neben mich und sagte: „Hallo!", und ich erwiderte souverän: „Guten Tag! Ich freue mich, dass Sie gekommen sind." In diesem Augenblick verkündete ein zuständiger Mitarbeiter eine technische Panne, bat aber alle, auf ihren Plätzen zu bleiben, denn er hoffe, diese sei in kurzer Zeit behoben. Es vergingen erfreulicherweise zwei Stunden, und wir sagten schon lange „Du" zueinander und waren uns näher gekommen, bevor es richtig losging.

Horst Seemann erläuterte für alle noch einmal den Ablauf der komplizierten Handlung: Beide liegen im Bett – sie liest – er starrt ins Leere – er streichelt sie am Rücken – sie dreht sich weg – er greift zum Bier – ihr tut es leid – sie trennt sich von dem Buch – er vom Bier – beide umarmen und küssen sich – das Ganze unterlegt mit zärtlicher Klaviermusik. Eine Szene wie aus dem Leben. Achtung! Probe!

Ich spielte hinreißend, aber Seemann tadelte besonders meine Zurückhaltung beim Küssen; ich hätte wohl vergessen, welchen Auftrag ich hier eigentlich erfüllen sollte! Es wurde durchgezählt: 26 Mitarbeiter verschiedener Gewerke waren in unserem Fall im Studio – Maske, Garderobe, Beleuchtung, Ton, Kamera, Regie, Aufnahmeleitung usw. Eine ziemlich öffentliche Angelegenheit also solche Bettszenen. Dann die Klappe: „Bettszene – die Erste". Es gab keine zweite Klappe, denn Seemann lobte uns mit den Worten:

„Besser ist es nicht zu machen." – Vielleicht hatte ich ihm diesmal zu stürmisch geküsst.

Möglicherweise habe ich diese Bettgeschichte etwas zu ausführlich beschrieben, aber bedenken Sie, es war bis zum heutigen Tag mein einziger Auftritt als Liebhaber, denn diese Rollen wurden anschließend 20 Jahre lang von Hans-Joachim Wolle besetzt.

Viel Beifall bekamen damals auch die Wissenschaftler im Institut für Hochspannungstechnik der TU Dresden, an die wir die Frage weitergeleitet hatten: Können Fische vom Blitz getroffen werden? Ich wurde im Großlaboratorium mit einem Aquarium darin etwa 20 Fische – empfangen. Ein Test bestätigte: Sie können nicht getroffen werden, es sei denn, sie schauen genau zu dem Zeitpunkt, da der Blitz die Wasseroberfläche trifft, mit dem Kopf aus dem Wasser. Am Rande konnten wir noch eine sehr interessante Frage klären: Ist der Trabant ein Faradayscher Käfig? – Er ist es. Und falls Sie zum ersten Mal davon hören und Trabifahrer sind: der sicherste Platz bei einem Gewitter ist auch für Sie in Ihrem Auto, selbst wenn es zu großen Teilen aus Kunststoff besteht.

Unser Kundendienst war schon so etwas wie eine Institution geworden.

Wer macht 4.55 Uhr bei der Radio-Frühgymnastik mit?

Wie wird der Puffreis hergestellt?

Gibt es Zahnärzte, die sich selbst die Zähne plombieren?

Wo ist das schönste Echo?

Wie werden Theatervorhänge gereinigt?

Wie hoch ist der Gewichtsverlust beim Dirigieren eines Konzerts? – Wir stellten Kurt Masur vor und nach dem Konzert auf die Waage. Ergebnis: Nach zwei Stunden war ein Kilo weg. – Noch nie sei er soviel angesprochen worden wie nach diesem Auftritt bei „Außenseiter-Spitzenreiter", erzählte Masur bei späteren Begegnungen.

Fünfzehn Jahre nach diesem Ereignis, 1988, erfüllte mir

Kurt Masur übrigens einen Herzenswunsch: Im neuen Gewandhaus in Leipzig durfte ich sein Orchester dirigieren, den Schluss der Ouvertüre zum „Barbier von Sevilla"; obwohl ich längst nicht zwei Stunden am Pult stand, nahm ich wahrscheinlich mindestens doppelt soviel ab wie Masur.

Eine schlichte Frage wird zum Unterhaltungsereignis im Winter 1974: Wer ermittelt die Angaben für den Wintersportwetterbericht im „Neuen Deutschland"? – Der Weg führte uns nach Bärenstein im Erzgebirge, in einen Ort, der ständig in diesen Berichten auftauchte. Wir erfuhren: Eine 74jährige Oma nimmt die Messungen vor. Aber wie?! – Mit dem Zollstock unter der Teppichstange im Garten – an einer Stelle mit optimaler Messmöglichkeit. Es kommt dort nie zu Verwehungen. Der Schnee liegt tatsächlich so hoch, wie er gefallen ist.

Bei diesem Drehtermin fiel es schwer, unserer Devise treu zu bleiben, dass wir mit den Leuten lachen wollten, aber nicht über sie. Denn als es zur Messung kam, passierte folgendes Malheur: Die zum ersten Mal vor einer Fernsehkamera agierende, aufgeregte Schneevermesserin gab die aktuelle Schneehöhe bekannt: 72 cm. Wir stutzten. Unwahrscheinlich! Ich entdeckte den Irrtum. „Oma, Sie lesen von der falschen Seite ab. Es sind nur 28 cm." Man stelle sich vor, durch unser Auftauchen in Bärenstein wäre eine Falschmeldung ins „Zentralorgan" gelangt!

Wir verhinderten es und fühlten uns daher berechtigt, die traditionelle Fernsehunterhaltung etwas auf den Arm zu nehmen.

Gelegenheit dazu bot sich, als wir die Ehepartner von bekannten Fernsehleuten vorstellen sollten. Wir hatten uns die Sprecherinnen und Sprecher der Nachrichtensendung „Aktuelle Kamera" ausgesucht, die ansonsten für Unterhaltungssendungen absolut tabu waren. Dabei waren also die fünf Paare Kern, Neumann, Feldmann, Lange und Meyer. In einer Quizparodie hieß es: Wer gehört zu wem? – Der beliebte Karikaturist Erich Schmitt sollte als Spielkandidat raten, und, man höre und staune, die Schauspielerin Agnes Kraus spielte meine Assistentin – in einer stummen Rolle, denn sie war nur für die Zeitnahme zuständig. Wie sie das aber machte, war hinreißend. Schmitt gelang es auf Anhieb, alle Paare richtig zusammenzuführen, was auch jedem anderen gelungen wäre, denn diejenigen, die zusammen gehörten, trugen die gleiche Kopfbedeckung. Frau und Herr Feldmann zum Beispiel einen Jägerhut.

Zwei Tage nach der Sendung wurden die Fernsehlieblinge 1973 gekürt. Ich war dabei und durfte neben Agnes Kraus sitzen; auf ihren Auftritt in unserer Sendung wurde sie von allen Seiten angesprochen. Sogar Politbüromitglied Werner Lamberz hatte die Sendung gesehen und erkundigte sich bei mir, ob wir denn genügend Unterstützung bekämen. Ich klagte, dass uns zum Beispiel nur tageweise eine Kamera zur Verfügung stand und unser Arbeitsstil von vielen Planungssüchtigen nicht anerkannt wurde. Aber ein heiteres Alltagsereignis kann man eben nicht planen! Auch der amtierende Fernsehchef Prof. Glatzer hörte von meinem Anliegen, und vier Tage später wurden uns Kamera, Tonbandgerät und Dienstauto übergeben. Von diesem Tag an hatten wir das Tonbandgerät immer über die Schulter geschnallt – als ein Erkennungszeichen –, wer erinnert sich nicht an den tonbandtragenden Wolle im Adamskostüm am FKK-Strand?!

Ein Buch von Dr. Schnabl erschien auf dem Markt, „Mann und Frau intim". Es wurde zum Bestseller. Damit stand für uns fest: Der Mann muss in unsere Sendung! Wir suchten nach einer geeigneten Frage und fanden sie: Warum ist die Körpergröße scheinbar wichtigstes Kriterium einer Partnerschaft? (siehe Heiratsannonce: „Suche Partner nicht unter 1,80 etc."). – Es gehörte inzwischen zu unserer Praxis, dass wir überraschend am Drehort auftauchten. Nur in seltenen Fällen informierten wir die Betreffenden. Auf keinen Fall wurde aber unser Anliegen vorher bekannt gegeben. Dr. Schnabl nun wollte das Thema wissen und machte sein Mitwirken davon abhängig. Wir nannten es und bedauerten das später sehr, denn er traf zu gut vorbereitet am Treffpunkt ein. Und „abgesprochene Gespräche" waren nicht unsere Sache. Trotzdem noch einmal herzlichen Dank dem Sexualpsychologen für seine exakten, wissenschaftlich unterlegten Ausführungen.

Dass man im Fernsehen nicht nur Gespräche führen, sondern etwas zeigen sollte, erwähnte ich schon, deshalb erforschten wir mit Hingabe, wozu die optisch so reizvollen Reste fernöstlicher Bauwerke in Rüdersdorf bei Berlin gehörten. – Es waren Teile einer stabil gebauten Filmdekoration für die Filme „Das indische Grabmal" und „Tiger von Eschnapur" aus dem Jahre 1921. Die aus dem Filmarchiv besorgten Ausschnitte konnten unsere Recherchen eindrucksvoll belegen.

Stets war uns sehr bewusst, dass wir für unsere Sendung gute Verbündete brauchten. Mit den richtigen Verbündeten konnte man vieles erreichen. Einer von ihnen war der Dresdner Dr. Finger, Mitarbeiter des Geographischen Institutes an der Technischen Universität in Dresden, der sich bereit erklärte, mit uns den Mittelpunkt der DDR, die sich selbst ja für „die größte DDR der Welt" hielt, zu suchen. Schon nach kurzer Zeit hatte er offenbar das Ergebnis ermittelt und teilte uns mit, dass wir uns treffen könnten. Der Mittelpunkt läge in der Nähe von Belzig im Wald. Expeditionsmäßig gekleidet, ausgerüstet mit Spaten und einem großen Schild, das die Aufschrift „Hier ist der Mittelpunkt der DDR" trug, trafen wir den Wissenschaftler, der Bandmaß und Markierungsstangen mitgebracht hatte. Als das Gebiet abgesteckt war, überließ es der Experte ganz überraschend uns, den genauen Punkt festzulegen. Wir entschieden uns für eine selbst in dieser Umgebung ausgesprochen schlicht wirkende Stelle zwischen einer Birke und dem Baumstumpf einer Kiefer. Kein sehr repräsentativer Ort; das einzig Vorzeigbare war unser Schild. Wir stellten es hier auf und zeigten den Zuschauern in unserer Sendung am 16. April 1974 den „Mittelpunkt der DDR." Alle Stimmen der Fernsehverantwortlichen, die unser Vorgehen in dieser Sache gar nicht so lustig fanden, sondern eher eine Provokation witterten, verstummten plötzlich zwei Tage vor der Sendung. Da nämlich erschien in der einschlägigen Presse eine Meldung mit folgendem Wortlaut: „In der Sowjetunion wurde am geographischen Mittelpunkt ein Titanobelisk aufgestellt."

Heute noch wandern Gäste aus aller Welt an diesen Punkt in einem Wald bei Belzig, zum Mittelpunkt eines Staatsgebietes, das es nicht mehr gibt. Jedenfalls wird die Stelle in den Broschüren des Fremdenverkehrsvereins als Sehenswürdigkeit geführt. Inzwischen ist dort eine Hütte errichtet worden, und die deutschen Mittelpunktorte aus Gegenwart und Vergangenheit veranstalteten in ihr schon gemeinsame Feste.

Beim Blättern in den Sendemanuskripten fiel mir ein Drehplan in die Hände, und ich stellte erstaunt fest, dass uns damals sage und schreibe 15 Drehtage für eine Sendung zur Verfügung standen, aus heutiger Sicht sehr viel.
An einem Sonntag besuchten wir in der Halbzeit des Fußballoberligaspiels, Dynamo Dresden – FC Karl-Marx-Stadt, unangekündigt die Mannschaftskabinen und spielten Mäuschen. – Wie hören sich die Standpauken der Trainer an? – Wir fingen eine recht interessante Gegenüberstellung ein: die klare Sprache vom Dresdner Meistertrainer Fritzsch auf

der einen und die sehr theoretische Analyse von Trainer Kupferschmied auf der anderen Seite. Dresden gewann am Ende das Spiel.

Eine nicht auszudenkende Pointe erfuhr eine Umfrage, die wir ebenfalls in der sächsischen Elbmetropole drehten. Wenn in den Leitungsmitteilungen („Argumentationen") an die Fernsehmitarbeiter etwas auftauchte, was sich auch für uns auswerten ließ, waren wir sofort zur Stelle. So wurde einmal mitgeteilt, dass die Disziplin an den Arbeitsplätzen in der DDR zu wünschen übrig ließe. Wir postierten uns an einem Morgen gegen 6.45 Uhr vor dem Werktor des Elektronik-Kombinats Robotron. Robotron kam bereits in diversen Witzen vor und hatte somit schon in die Unterhaltungsszene Einzug gehalten. Außerdem veranstalteten wir ja keine Umfrage im Betrieb, die generell genehmigungspflichtig gewesen wäre, sondern drehten eine Reportage auf öffentlicher Straße. Um 7.00 Uhr war Dienstbeginn, und alle, die danach kamen, wurden von uns angesprochen und nach dem Grund der Verspätung gefragt. Die meisten nannten objektive Gründe oder brachten Ausreden, die man selbst schon benutzt hatte. Es drohte, gar nicht so lustig zu werden, wie wir gehofft hatten. Aber dann – es war inzwischen 7.20 Uhr geworden: Eiligen Schrittes strebte ein Herr, so um die 50, dem Eingang entgegen. Wir hielten auch ihn auf und fragten nach dem Grund für seine 20minütige Verspätung. Es folgte eine geniale Antwort: „Machen Sie sich keine Sorgen, ich war schon einmal da."

In der gleichen Sendung zeigten wir eine Sonderausstellung mit Sitzungsmalereien, und an diese erinnere ich mich noch genau. In der Berliner Kongresshalle tagte die Konferenz der Musikwissenschaftler, und Ernst Hermann Meyer hielt ein mehrstündiges Referat. Genügend Zeit für uns, die Konferenzteilnehmer zu beobachten. Wir konnten in der zweiten Pause bereits 74 Kunstwerke einsammeln und im Foyer aushängen. Am besten gefiel mir eine Lokomotive. Ich fragte den Künstler, warum er denn gerade eine Lok gemalt habe? – Bei dem richtungsweisenden Referat habe er, an ein Zitat von Lenin gedacht: „Revolutionen sind die Lokomotiven der Weltgeschichte."

Was wir alles gemacht haben! – Zum Beispiel eine Suchanzeige der Berliner Zeitung 14 Tage nach Erscheinen aufgegriffen: „Perücke am 03.09.1974, 18.00/18.30 Uhr, zwischen Fischerinsel und Liebknechtstraße verloren, Belohnung zugesichert." Sie wurde gefunden. – Fernsehen macht's möglich.

10 Sendungen hatten uns die kühnsten Optimisten zugetraut. Jede danach folgende war somit ein immer größer werdender Triumph über die schwarzsehenden Experten. Bei der Vorbereitung der 16. lag es besonders nahe, auf diese anzustoßen. Die zu beantwortende Frage forderte es geradezu heraus. Es ging um Sekt – und wer den beim Stapellauf bezahlt. Wissen Sie es? Der Käufer des Schiffes! Es gibt also eine Rechnung in Millionenhöhe inklusive 20,30 Mark für Sekt. Mit dieser überraschenden Feststellung begannen wir eine Sendung an der Küste, um sie später in Pirna fortzusetzen, wo wir ein Thema aufgriffen, das uns noch lange zu schaffen machte.

Wer ermittelt eigentlich die Körpergröße, die in den Personalausweis eingetragen wird? – Das galt es zu klären, nicht unbedingt in Pirna, aber wir waren gerade dort und wollten an diesem Tag noch ein Stück Arbeit unter Dach und Fach bringen. Aus einer Arztpraxis wurde eine Meßlatte geholt und auf die Straße gestellt. Anschließend maßen wir – unter großer Anteilnahme der Bevölkerung – Straßenpassanten. Es wurden Ergebnisse festgestellt, die zu den Eintragungen in den Ausweisen verschiedentlich nicht so recht passten. Also blieb nur übrig, sich bei der Polizei direkt zu erkundigen. Im Meldeamt Pirna trafen wir auf einen Diensthabenden, der sofort lossprudelte und uns alles erzählte: bis 1,51 m ist man sehr klein, bis 1,61 m ist man klein, bis 1,71 m ist man mittelgroß, bis 1,81 m ist man groß, und ab 1,81 m ist man sehr groß.

Gemessen wird nicht, man verlässt sich auf die Angaben der Leute – so der Wachtmeister. Und dann verriet er noch seinen großen Trick: er hatte den Ofen im Meldeamt gemessen – genau 2 m hoch. Das war sein heimlicher Anhaltspunkt, wenn ihm bei den Angaben Zweifel kamen. Was wir pfiffig fanden, wurde nach der Sendung bis hin zum Polizeipräsidenten als Diskriminierung gewertet, erfuhren wir gerüchteweise. Die Polizei verwehrte uns jedenfalls danach einige Zeit ihre Dienste; alle Abschnittsbevollmächtigten schienen einen entsprechenden Rundspruch bekommen zu haben.

Die Schausteller verstehen immer Spaß; sie erlaubten uns, eine Gespensterbahn im Hellen zu zeigen.
Wir bekamen auch ein Kursbuch der Deutschen Reichsbahn zugeschickt und wurden auf eine merkwürdige Bestimmung aufmerksam gemacht. Wenn vor der Zeitangabe ein „x" steht, hält der Zug nur nach Bedarf. Reisende, die

einsteigen wollen, haben sich dem Personal des heranna-
henden Zuges rechtzeitig bemerkbar zu machen. Wir über-
prüften selbst, wie es funktioniert. – Ein Riesenspaß. Mit
Hupen, Wunderkerzen, Rasseln und Fähnchen veranstalteten wir ein Spektakel, das garantierte, nicht übersehen zu
werden. Ganz im Sinne der Anordnung. Der Zug hat auch
tatsächlich angehalten. Das Schauspiel gelangte im übrigen
an der Harzquerbahn zur Aufführung und kann jederzeit
von jedermann wiederholt werden.

Ich persönlich hatte immer wieder Freude, wenn ich mir die
Fragen durchlas, die eingesendet wurden:

Nehmen Träger eines langen Bartes diesen nachts mit unter
die Bettdecke oder lassen sie ihn obenauf liegen?

Wie sieht ein Keuschheitsgürtel aus?

Kann man für Ochsenschwanzsuppe auch Kuhschwänze
verwenden?

Worüber unterhalten sich die Statisten bei Massenszenen
auf der Bühne? – Die Beantwortung dieser Frage habe ich
mir nicht nehmen lassen. Ich wollte es schon lange wissen.

In Plauen bekam ich den Segen, mich mit dem Mikrofon
unter die Massen zu mischen. Der mir bekannte Regisseur
Klaus Kahl hatte dort die Operette „Polenblut" inszeniert,
in der es mehrere solche Massenszenen gab. Das Aufnah-
megerät – UKW-Technik hatten wir damals noch nicht –
transportierte ich in einer Reisetasche. Ich stand mit ihr fast
eine Stunde in den verschiedenen Szenen auf der Bühne –
außerdem absolut unpassend gekleidet, denn meine „Schä-
ferweste" passte bis zum Schluss in kein Bild. Außer dem
Kameramann, der aus der Gasse oder dem Schnürboden das
Geschehen verfolgte, hatte der gesamte Drehstab im Parkett
Platz genommen. – Die Kollegen lagen vor Lachen am Boden, und das Publikum hat sich wahrscheinlich noch lange
darüber Gedanken gemacht, welche Bedeutung eigentlich
dieser seltsame Mann mit der Reisetasche hatte. Hauptun-
terhaltungsthema für die Statisten an diesem Abend war

jedenfalls die bevorstehende Bulgarienreise eines Chorsängers.

Für einen anderen Beitrag benötigten wir zum ersten Mal mehr als eine Kamera. Wir hatten uns in den Kopf gesetzt, die populäre Fußballkonferenzschaltung von Radio DDR im Bild zu zeigen. In sieben Oberligastadien wurden Kameras aufgebaut, die nicht nur die Reporter Wolfgang Hempel, Werner Eberhardt, Heinz Florian Oertel, Waldefried Forkefeld, Walther Kaufmann, Werner Hinz und Hubert Knobloch zeigen, sondern auch einen kleinen Vorgeschmack auf die Fernsehberichterstattung der Zukunft vermitteln sollten. Das hochkarätige „Professorenkollegium" mit Hans Jacobus schließlich empfing mich im Sommer 1975 und beschäftigte sich mit der Frage: Ab wie vielen Bäumen kann man von einem Wald sprechen? – „Wenn man mit geschlossenen Augen durch eine Baumgruppe läuft und dann an einen Baum stößt, wird es sich wahrscheinlich um einen Wald handeln." – Diese Antwort gefiel mir am besten.

Die 19. Sendung lief wie die erste wieder an einem 18. Juni. Wir drehten zunächst Beobachtungen, denn ein Zuschauer wollte es ganz genau wissen: Beißen die Leute zuerst in die Bockwurst oder in die Semmel? – Die meisten in die Semmel, wahrscheinlich, weil die Bockwurst noch zu heiß ist.

Natürlich, auch solche scheinbar unbedeutenden Fragen wurden von uns exakt beantwortet. Das mache den Reiz der Sendung aus, hatte ein Zuschauer geschrieben. Und daran erinnerten wir uns bei solchen Gelegenheiten.

An einigen Themen bissen wir uns aber auch die Zähne aus. Warum werden beim Anhalterfahren die Frauen eher mitgenommen als die Männer? – Sicher einfach zu beantworten: weil mehr Männer am Steuer sitzen. Wir testeten es und machten ganz unterschiedliche Beobachtungen: Einmal wurde der gut gekleidete junge Mann mit Aktenkoffer, dann der Student in Jeans und schließlich die junge, attraktive Dame zuerst mitgenommen. Große Freude und Überraschungen kamen bei diesen Beobachtungen nicht gerade auf. Dann hatten wir die zündende Idee. Wir weilten gerade in Halle, hatten ein paar Stunden Zeit und wollten es alleine testen – Wolle als Frau verkleidet, Wolfram mit Bart und leicht veränderter Frisur. Das Unheil nahm seinen Lauf. Im Fundus des Fernsehstudios Halle fanden wir zwar Pumps in Größe 43, Strumpfhose und einen Rock, aber partout keine Bluse für Wolle. Die Kostümbildnerin empfahl, eine zu kaufen. Mein Kollege bat mich, zum Einkaufsbummel mitzukommen. – Ich vergesse den Augenblick nie, als wir das erste Damenmode-Geschäft betraten und ich zur Verkäuferin sagte: „Ich hätte gern für den Herrn ein hübsches Sommerblüschen." – Seltsame Blicke, dann fiel der Groschen. – Wo steht denn die Kamera? Schnell war unser Anliegen vorgetragen, und tatsächlich fanden wir eine passende Oberbekleidung für meinen Kollegen. Wolle war also eingekleidet.

Vereinbarter Drehort war die Fernverkehrsstraße 100 zwischen Halle und Bitterfeld. Dorthin schickten wir inzwischen den Drehstab, der alles vorbereiten sollte. Wir fuhren nach der Behandlung in der Maske hinterher, weil Wolle seinen Privat-PKW, einen 1200er Lada, mithatte. Vor der Abfahrt zündete sich der leidenschaftliche Zigarrenraucher Wolle noch eine Havanna an, dann folgte meine aufsehenerregendste Fahrt durch Halle. An jeder Kreuzung, an der wir hielten, verdeckte ich mein Gesicht, um nicht vielleicht doch erkannt zu werden neben dieser qualmenden „Schabracke" (Wolle wurde von Zuschauern in dieser Aufmachung so bezeichnet). Nachdem wir noch in einen Unfall verwickelt wurden und die Polizei uns nicht erkannte, waren wir wenigstens sicher, unsere Rollen unerkannt spielen zu können. Fazit: Wolle wurde fast immer mitgenommen. Bei mir hielt nur einer an. Also konnten wir festhalten: Frauen haben beim Anhalterfahren tatsächlich größere Chancen.

Ich möchte mich heute bei den Kraftfahrern entschuldigen, die fast alle einen Schock erlitten, als Wolle die PKW-Tür öffnete und sie zur Rede stellte, warum sie nicht 1.500 Meter zuvor bei mir gehalten haben.

Auf eine andere Anhalternummer wurden wir durch die besorgniserregende Entdeckung eines Zuschauers gebracht: Vom Ostseeurlaub zurückgekehrt, hatte ein Vogtländer den Sand, den er im Auto und im Gepäck mit ins Inland geschleppt hatte, zusammengefegt und gewogen. 900 Gramm waren es. Wir schalteten uns deshalb eines Tages in den Rückreiseverkehr von der Ostsee ein und stoppten auf der Prenzlauer Autobahn 20 Fahrzeuge. Die „beschlagnahmte" Sandmenge entsprach im Durchschnitt der Vorgabe des Vogtländers. Eine Hochrechnung machte uns deutlich, dass ca. 50 Tonnen Sand jährlich auf diese Art und Weise den Ostseestränden verloren gehen und ins Inland getragen werden.

Da wollten wir nun für die Erhaltung der Natur etwas tun und bekamen bei einer anderen Aktion mit den Naturschützern Ärger: Weil uns die Frage so gut gefiel, hatten wir sie ins Programm aufgenommen. – Gibt es in der DDR noch unbestiegene Gipfel? – Es gab natürlich keine. Einem Felsen in der Sächsischen Schweiz fehlten an einer Stelle 40 cm zum „Gipfel" – denn ein Gipfel muss eine Mindesthöhe haben, wenn er so heißen will. Das war unsere (und seine) Chance! – Wir erlaubten uns, 40 cm lockeren Waldboden zur Seite zu räumen und aufzuschütten... und mussten uns dafür vor dem Sebnitzer Kreistag verantworten. Ob der Gipfel inzwischen anerkannt wurde, ist mir leider nicht bekannt.

Von solchen Höhen führte uns eine andere Erkundung in die Tiefen des Balatons. Ein wagemutiges Team um Hans-Joachim Wolle ging der Frage auf den Grund, ob sich der Plattensee zu Fuß durchqueren lässt. Sie holten sich dabei nicht nur nasse Füße, so dass sie schließlich umkehren mussten.

Gute Erinnerungen habe ich auch an ein Treffen im sächsischen Weingut Schloss Wackerbarth. Im Leipziger Telefonbuch entdeckte ich den Namen „von der A. A., Heinz".

Das brachte mich auf die Idee, die Kollegen zu bitten, mit mir die Telefonbücher nach ausgefallenen Namen zu durchforsten. – An einem Tag hatten wir 120 zusammengetragen. Alle ermittelten Damen und Herren bekamen eine Einladung ins Schloss nach Radebeul, dort gibt es einen repräsentativen Saal. Mein Freund Fritz Pokorny, der den Betrieb leitete, versprach kostenlose Bewirtung mit sächsischem Wein. Es wurde eine rauschende Ballnacht mit Frau Eimermacher, Herrn Notdurft, Frau Holle und Herrn Käsebart. Als die Feier ihren Höhepunkt erreicht hatte, offenbarte Pokorny seine Überraschung: Eine Frau, die in der Küche arbeitete und für das leibliche Wohl der Gäste sorgte, wurde ins Rampenlicht geführt. Sie passte hervorragend in die Runde. Stürmisch gefeiert: Erna Brühschwein.

Der Star des Dresdner Kabaretts „Herkules-Keule" in den 70er Jahren war der leider viel zu früh verstorbene Hans Glauche. Mit Fritz Ehlert zusammen hatte er in zahlreichen Veranstaltungen, Rundfunk- und Fernsehsendungen seine große Zeit als „Gustav und Erich." Auch bei uns landete Hans Glauche 1975 einen Erfolg, der noch heute bei vielen Zuschauern nicht vergessen ist. Wie kam es dazu? – Eine der nicht gerade einfallsreichsten Fragen, die wir bei den „Außenseitern" den Zuschauern zur Auswahl anboten, war nach meinem Geschmack die nach dem günstigsten BH-Verschluss. Die Resonanz belehrte mich eines Besseren: Einige tausend Zuschauer wünschten sich dazu ein Bildschirmvergnügen. Aus Armeekreisen trafen sogar Resolutionen ein, von vielen Hunderten unterschrieben. Warum wohl? Uns war natürlich klar, dass die Beantwortung der Frage einen bestimmten Rahmen verlangte. Wir baten das Publikum der immer ausverkauften Herkules-Keule im Anschluss an eine reguläre Vorstellung, noch zehn Minuten auf ihren Plätzen zu verweilen. „Außenseiter" hätte eine wichtige Frage zu klären. Die Erzeugnisgruppe Miederwaren hatte uns elf BHs mit verschiedenen Verschlüssen zur

Verfügung gestellt, und elf Vorführdamen wurden von uns persönlich ausgesucht. Auf eine Annonce hin hatten sich über 100 gemeldet. Eigentlich passierte nicht viel. Mit ein paar Sätzen wurden die Vorteile der Verschlüsse – von der Herstellerfirma vorgegeben – bekannt gemacht. Nach jedem Modell wurde der Beifall gemessen: Drei bekamen den meisten und qualifizierten sich somit für die Endrunde. In dieser hatte Glauche die Aufgabe, die BHs mit verbundenen Augen zu öffnen. Mit Worten kann man sein Vorgehen nicht beschreiben – ein Kabinettstückchen. Es gewann jedenfalls der „Druckpunkt-BH", von vorn mit einem Druck auf den Mittelpunkt zu öffnen. Auf meine Frage an Glauche, wie ihm sein Auftritt gefallen hat, kam postwendend seine Antwort: „Schön, aber ich habe ja nichts gesehen."

Im Eifer des Gefechts waren die BHs in der Garderobe des Kabaretts liegengeblieben. Ich sammelte sie noch ein und hängte sie im Zimmer meines Hotels später über die Stuhllehne. Am nächsten Morgen kam ich vom Frühstück und begegnete der Zimmerfrau, die gerade nachgeschaut hatte, ob mein Zimmer schon frei war. Sie schüttelte den Kopf und fragte, was denn bei mir nachts losgewesen sei. Wahrscheinlich hält sie mich seitdem für den größten Wüstling aller Zeiten.

Jetzt komme ich auf eine Sendung in der Faschingszeit zu sprechen, zu der wir ausschließlich Zuschauer mit außergewöhnlichen Fähigkeiten eingeladen hatten: einen Musiklehrer aus Meißen, der Melodien mit den Zähnen knirschen konnte und seine Schüler als knirschende Background-Gruppe mitgebracht hatte; einen Jungen, der während des Verzehrs von Götterspeise pfeifen konnte. Aus ihm ist inzwischen der bekannte Parodist und Imitator Edgar Steinfatt geworden. Den Vogel aber schoss ein gewisser Herr Böhme aus Dresden ab. Er hatte geschrieben, dass er zwei Instrumente gleichzeitig spielen kann – vorstellbar und dann unvorstellbar, da es sich um Klavier und Geige handelte. Ohne dass wir es wussten, steuerten wir dem offensichtlichen Höhepunkt der Sendung entgegen. Dann war es soweit – Böhme spielte erst einige Takte auf der Geige, legte sie dann seelenruhig zur Seite und spielte die Melodie auf dem Klavier weiter. Das Wechselspiel erfolgte acht- bis zehnmal, dann war der umjubelte Vortrag zu Ende.
Die Zuschauerforschung in der DDR ermittelte nicht nur Einschaltquoten, sondern auch den Anklang, den die Sendung beim Publikum fand. Mich persönlich stimmte es zugleich froh und etwas nachdenklich, dass gerade diese Sendung die beste Beurteilung bekam.
Nach wie vor erreichten uns von jung und alt interessante Fragen: Wenn ein Afrikaner eine Afrikanerin anschwindelt, kann man gar nicht sehen, wie der Afrikaner rot wird. Können Sie herausbekommen, ob man trotzdem etwas sieht?
Unerlaubte Filme im Kino zu sehen, ist schon seit Bestehen des Films für Generationen von Kindern und Jugendlichen ein erstrebenswertes Ziel. Wer bestimmt, welcher Film für welches Alter freigegeben wird?

Wir zeigten, was Leute vom Fremdsprachenunterricht in der Schule behalten haben – eine erbärmliche, aber erklärbare Bilanz. Wo und wann und mit wem konnte man schon in einer anderen Sprache sprechen!

Im Zuschauerauftrag haben wir auch die Dialektgrenze zwischen dem sächsischen und dem Berliner Raum gefunden und markiert – von Bad Liebenwerda aus verläuft sie fast waagerecht.

Wir hatten schon nach den ersten Sendungen bemerkt, dass sich die drei „Außenseiter"-Fragen A, B oder C als äußerst treffsichere Methode erwiesen, die Zuschauer zum Schreiben zu veranlassen. Manchmal waren sie so originell, dass viele Zuschauer bedauerten, dass nur eine sendewirksam wurde. Zum Beispiel in der 26. Sendung am 17. September 1976:

A – Trinken Kühe Milch?

B – Warum hat Russisch Brot keine kyrillischen Buchstaben?

und

C – Gibt es Zauberer, die in kurzen Hosen auftreten?

Lange im Visier hatten wir auch die sogenannten Bäckerschlangen, die zu DDR-Zeiten sonnabends stellenweise 30 bis 40 Meter lang waren. Die Schrippen oder auch Semmeln eines Bäckers in der Dresdner Heynathstraße waren von besonderer Güte, daher war dort die Kundschaft noch zahlreicher als anderswo. Unser Vorgehen war ein wenig hinterhältig und sollte zunächst von der unerwünschten Schlange ablenken. Hier der originalgetreue Text der Ansage: „Aussagen von Musikpädagogen bestätigen, dass der Kanon für Stimmbildung, Rhythmus und Harmonieempfinden von großer Bedeutung ist. Leider braucht man den Kanon im späteren Leben nie wieder. Was wird nach der Schulzeit aus dem Kanon?" Das war der Aufhänger, uns irgendwo eine größere Menschenmenge, die Zeit hatte, zu suchen, um zu prüfen, ob es noch irgendwie funktioniert

mit dem Kanongesang. „Wachet auf, wachet auf, es krähet der Hahn, die Sonne betritt ihre goldene Bahn", so klang es morgens, 6.45 Uhr, vor der Bäckerei in der Dresdner Heynathstraße.
Es half nichts, die Nummer wurde von den Mächtigen als politisch instinktlos bewertet.

Der Experte Dr. Bickerich aus Potsdam hatte sich bereit erklärt, uns jeweils zum höchsten, dicksten und ältesten Baum auf dem Gebiet der DDR zu führen. In Kiekindemark, in Ivenack und in Reinberg, alles im Norden gelegene Orte, erreichten wir nach längerer Anreisezeit in einem Barkas-Bus mit acht Plätzen unsere Ziele. Einen Platz im Barkas belegte Bickerich, der neben mir sitzen wollte und mir unaufhörlich das erzählte, wonach ich ihn eigentlich erst vor laufender Kamera fragen wollte. Ein Gespräch nach „Außenseiter"-Art war an den drei Bestimmungsorten nicht mehr möglich, denn Bemerkungen wie: „Was ich Ihnen schon vorhin erzählte..." oder „Wenn Sie sich erinnern, ich habe schon darüber gesprochen", wechselten in bunter Folge. Seitdem werden Gesprächspartner stets getrennt von den Reportern befördert und die beschriebene Situation als der zu vermeidende „Bickerich-Effekt" bezeichnet.

„Außenseiter-Spitzenreiter" wurde inzwischen in Farbe gedreht; Hagen Lettows Assistent Fritz Köhn, heute Kameramann beim NDR, war bei uns der erste Mann an der Kamera geworden. In neuer Funktion bemühte er sich sichtlich, mit dem knappen Filmmaterial sparsam umzugehen. Ausgerechnet zu dieser Zeit wurden wir nach Rothenburg bei Görlitz gerufen, weil dort ein pfeifendes Baby zu bewundern war. Es hatte schon stundenlang gepfiffen, aber nun bei uns vor der Kamera klappte es nicht. Zwei große Filmrollen à 20 Minuten waren schon verdreht – ohne Erfolg. Nach langer Diskussion opferten wir schließlich noch eine dritte Rolle. Nach 45 Minuten war es endlich soweit und der Bann gebrochen, unser Baby pfiff und pfiff und machte damit Furore.

Bei „Außenseiter" ist alles möglich. Selbst der verunglückte Beitrag mit dem Hahn, dessen Hennen seinerzeit gekennzeichnet wurden, um herauszufinden, ob ein Hahn eine Lieblingshenne hat, wurde zum Erfolg. Obwohl der Hahn kurz nach unserem Eintreffen verschwand und nie wieder gesehen wurde. Ort des Geschehens: Schönfeld bei Großenhain. Gezeigt werden konnte nur, wie ein ganzer Ort für das Fernsehen einen Hahn suchte. Und das hätte kein Regisseur der Welt besser inszenieren können.

Zu seinem 50. Geburtstag bekam Wolle vom „Außenseiter"-Team eine verzinkte Badewanne geschenkt, die er sich auf das Dach seines PKWs schnallen sollte, um überall im Lande ohne große Vorbereitung seine Glanznummer vorführen zu können. Die Vorgeschichte begann in einer Sendung: Kurt David hatte eine recht amüsante Geschichte auf den Büchermarkt gebracht (von der bis zum Wendejahr 13 Auflagen erschienen). Sie hieß: „Freitags wird gebadet. Aus dem Tagebuch eines Minderjährigen." Nun wollten die Leute wissen, ob es tatsächlich stimmt, dass man vor allem freitags in die Wanne steigt. Wolle machte ein Haus ausfindig, dessen Badezimmerfenster alle zur Straße lagen, und dort, wo Licht brannte, wollte er einfach klingeln. Dann aber hatte er doch ein paar Bedenken, so in die Intimsphäre der Leute einzudringen. Schließlich fasste er sich ein Herz, klingelte an der ersten Wohnung und alle Zweifel schwanden. Eine aufgeregte Frau zerrte Wolle am Arm und sagte: „Kommen Sie rein, mein Mann sitzt gerade in der Wanne." Dieser Badezimmer-Report wurde zum Ausgangspunkt für Wolles berühmtes „Wannenspiel", mit dem er in vielleicht 200 Veranstaltungen vielen, vielen Menschen eine Freude machte. Er ließ sich von Kandidaten aus dem Publikum Varianten fürs Baden zu zweit empfehlen, damit am Wochenende nicht so viel Zeit verloren ginge. Das Pikante war, dass die Publikumskandidaten ihre empfohlenen Varianten auch noch gleich praktisch vorführen durften, zum eigenen Gaudi und dem der Zuschauer.

Wir stellten den ersten Mäusezirkus der DDR vor und eine Frau aus Karl-Marx-Stadt, die so oft umgezogen war wie niemand sonst – 47 mal. Der 48. Umzug stand gerade bevor. Spätestens nach einem Jahr hatte sie die jeweilige Umgebung satt. Andere Gründe gab es nicht für das ewige Hin und Her.

Wie sollte der Trabant noch heißen? Die Sachsenringwerke in Zwickau hatten einen Aufruf an die Autofahrer gestartet, Vorschläge einzusenden. Das hatte ein großes Echo, aber leider drang nichts davon an die Öffentlichkeit. Wir machten es publik: Alpha, Bambino, Sachsenperle, Buchfink, Diva, Dreischwan, Filius, Grille, Kolibri, Liliputaner, Muldenperle, Puck, Trumpf-As, Resonanz oder Robert-Schumann-Wagen...

Im Rotkäppchen-Märchen entdeckten wir einen Fehler, der über 100 Jahre nicht bemerkt worden war: Der Wolf frisst die Großmutter mitsamt ihrer Kleidung auf. Woher hat er aber die Sachen der Großmutter, um sich zu verkleiden? – Er muss sie vorher ausgezogen haben. Im Dresdner „Café Prag" wurde die originalgetreue Fassung vor einem begeisterten Publikum gespielt.

Das Leben an einer „steilen Straße" interessierte einige Zuschauer. Wir erinnerten uns an die „Steile Wand" von Meerane, die ja durch viele internationale Straßenradsportveranstaltungen berühmt und berüchtigt geworden war, auch im Verlauf einiger Etappen bei der Friedensfahrt. Dass man sich beim Einkaufen vorher überlegen musste, schwere Dinge lieber auf dem Bergab-Weg mitzunehmen, war nachvollziehbar, aber dennoch hatten wir mehr erwartet. Ich erinnere mich an diesen Beitrag trotzdem, weil plötzlich eine herzensgute Frau mit heißem Tee auftauchte. Sie hatte beobachtet, dass uns Sturm und Kälte zu schaffen machten.

Ich möchte mich deshalb an dieser Stelle bei denen bedanken, die uns in all den Jahren ohne Aufforderung liebevoll betreut haben. Restaurants wurden an Ruhetagen geöffnet, Hotelköche aus dem Bett geholt und die letzten Reserven aus manchem Kühlschrank gebracht.

Die 28. Folge endet mit der Beantwortung der Frage: Wann beginnen die Leute, Weihnachtsgeschenke einzukaufen? – Wolle machte im Sommer eine Umfrage am FKK-Strand. Das Tonbandgerät natürlich wieder so umgeschnallt, dass entscheidende Stellen verdeckt wurden. Immer wieder schrieben Zuschauerinnen, die das mit Interesse beobachtet hatten.

Unvergessen der Massengesang von 250 FKK-Urlaubern: „Morgen Kinder wird's was geben." Die meisten hatten sich schon Gedanken gemacht; eine schwangere Frau zeigte auf ihren Bauch und sagte: „Hier ist es drin, sicher das Schönste, was ich meinem Mann schenken kann." Die musikalische Leitung des großen Chorkonzertes hatte übrigens der langjährige Rektor der Berliner Musikhochschule „Hanns Eisler", der Komponist Prof. Wolfram Heiking.

Warum lesen die meisten Leute die Zeitung von hinten? In der Berliner S-Bahn war das immer wieder festzustellen, wenn nach Feierabend 50 Prozent der Fahrgäste mit der „BZ am Abend" ausgerüstet waren. – Wir besuchten daraufhin den Chefredakteur der Zeitung, der den Tatbestand schon kannte und unser Umfrageergebnis zum Anlass nahm, noch mehr wichtige Meldungen auf die letzte Seite zu nehmen.

Im vollbesetzten Rundkino Dresden, Prager Straße, wagten wir im Zeichen bevorstehender Wahlen eine Volksabstimmung zu Alltagsfragen. Nicht alle Ergebnisse durften gesendet werden. Im Fernseharchiv verschwand z.B. etwas so Harmloses wie: Wer ist mit seinem Chef zufrieden, wer nicht? Dagegen brachte ein anderes Thema einen Teilerfolg: Wer war heute schon besonders lieb zu seinem Partner? – Niemand erhebt sich vom Platz. Nach dem Hinweis, dass dazu immer noch genügend Zeit sei, da schon um 22.45 Uhr die Kinovorstellung zu Ende ist, steht ein gutaussehendes Mädchen als einzige Person von ihrem Platz auf und bekommt stürmischen Beifall. Ihren Namen weiß ich nicht, aber ich denke noch heute an ihr Bekenntnis und hoffe, dass sie irgendwo glücklich lebt.

Wir hatten die Freude, das Flaschenorchester Radebeul – Musiker des Orchesters der Landesbühnen Sachsen – erstmals bei „Außenseiter-Spitzenreiter" vorzustellen. Bei späteren Begegnungen sagten die Musiker dankbar, dass mit diesem Auftritt ihre steile Veranstaltungskarriere als Flaschenorchester begonnen hat. Acht Musiker, die alle möglichen Instrumente spielen konnten, hatten sich diese Nummer ausgedacht. Flaschen wurden mit verschieden viel Wasser gefüllt und damit gestimmt. Die erstaunlichsten Melodien ließen sich so hervorbringen.

Einmal wollten wir für das Image der Messestadt Leipzig etwas tun. Alle meckerten über den schlechten Kaffee, der dort angeboten wurde, aber niemand beschwerte sich. Im „Café am Markt" wurde auf unser Betreiben hin testweise Malzkaffee als Bohnenkaffee serviert. Wir lagen mit unserer Kamera zwei Stunden im Versteck, um zu beobachten, wie die Gäste reagierten. Keine Beschwerden, keine besonderen Vorkommnisse. Ob niemand den Betrug merkte oder ihn jeder resigniert hinnahm? Jedenfalls wurde am Ausgang das Kaffee-Geld zurückgezahlt.

Tauschen Damen-Fußball-Mannschaften nach großen Spielen ihre Trikots aus? – Wir organisierten ein Freundschaftsspiel zwischen der Damen-Fußball-Mannschaft von Fortschritt Erfurt und dem Team von „Außenseiter-Spitzenreiter". Endlich ertönte der Schlusspfiff vom international bekannten Schiedsrichter Adolf Prokop, wir rissen uns die Trikots vom Leibe – die Damen auch. – Die Enttäuschung war groß. Der BSG-Leiter hatte zwei Tage vor dem Ereignis neue einheitliche BHs für die Damenmannschaft gekauft.

Mit der Herren-Fußball-Mannschaft von Dynamo Dresden versuchten wir die Frage zu klären, was ein Hutgesicht sei und welcher Dynamospieler eines hat. Im traditionellen gelbschwarzen Dress traten die Fußballer vor dem Training an, um unsere mitgebrachte Kollektion aufzuprobieren. Der Spieler Hartmut Schade bekam von Zuschauern und Fachleuten die meisten Stimmen. Das Mannschaftsfoto beweist aber: Dass man nur den richtigen Hut auswählen muss, um entsprechende Anerkennung zu bekommen.

Wie lange sind die Badenixen beim Zwölferreigen unter Wasser? – Wenn uns eine Frage dieser Art auf den Tisch flatterte, stand inzwischen fest, wer den Beitrag machte: der unwiderstehliche, von den Frauen allerorts umschwärmte Hans-Joachim Wolle.

Mein Spezialgebiet waren die Umfragen geworden. Es war immer lustig wenn unsere werktätigen Menschen mit einer Frage überrascht wurden, die scheinbar nicht in unsere Welt passte. In der DDR gab es keine kriminellen Delikte und niemand hatte deshalb zu befürchten, irgendwo ein Alibi nachweisen zu müssen. „Wie schwer oder wie leicht ist das überhaupt?" – galt es zu ermitteln. Ergebnis: Sehr schwer. Ein unterhaltsames Thema im wahrsten Sinne des Wortes.

Spaß gemacht hat auch immer, Verhaltensweisen der Menschen zu analysieren: Wer nimmt zum Spaziergang oder Einkaufsbummel trotz Sonnenschein vorsichtshalber den Regenschirm mit? Wir stellten fest: vielleicht jeder 50. Die Schirmleute wurden belohnt, sie durften mit aufgespanntem Schirm durch den Filmregen laufen, den die Feuerwehr organisiert hatte. Manches ergab sich auch zufällig. Was sollten wir mit der ernstgemeinten Frage: „Gibt es noch Lücken in der Goethe-Forschung?" – anfangen.

Eine alte Dame in Leipzig ermöglichte uns eine heitere Antwort. Sie besaß ein Essbesteck, mit dem soll schon Goethe gegessen haben. Ich traf bei ihr ein, klingelte, wurde aber nicht eingelassen. Ich klingelte ein zweites, drittes und fünftes Mal, schrieb schließlich abends einen Brief, den ein Bote vorbeibrachte, rief an und – wurde empfangen. Ich erinnere mich an ihre Begrüßungsworte: „Ja, wenn Sie die Normen des Zusammenlebens einhalten und sich ordentlich anmelden, bin ich bereit, Sie zu empfangen. Außerdem hatte ich als ehemalige Lehrerin, die in der Öffentlichkeit bekannt ist, dass dringende Bedürfnis, mir wenigstens die Haare zu kämmen." Und dann war sie bereit und plauderte über drei Stunden mit mir. Gemeinsam tranken wir eine Flasche Eierlikör. Von dieser Leipzigerin habe ich oft erzählt, denn ich bin in wenigstens hundert Talk-Veranstaltungen immer wieder gefragt worden: Sind Sie schon einmal rausgeflogen? – Das war der einzige Vorfall in dieser Richtung.

Am Vorabend des Republikgeburtstages im Hauptprogramm einen Platz zu haben, war für manche ein erstrebenswertes Ziel beim DDR-Fernsehen. 1977 wurde uns die Ehre zuteil, und wenn ich auf die Inhalte der Sendung schaue, bin ich mir nicht ganz sicher, ob unsere Auswahl damals allen gefallen hat. Lange hatten wir darüber gegrübelt, was man auf einem so herausgehobenen Sendeplatz bringen könnte: „Im Film ‚Das unsichtbare Visier' spielt eine Szene in Buenos Aires. Sie wurde in unserer Straße gefilmt", schrieb ein Zuschauer und verband damit seine Frage: „Ist es eigentlich schwer zu schummeln oder finden sich bei uns leicht Gegenden, die woanders sein könnten?" Das war fast eine tragikomische Angelegenheit. Selbstverständlich gab es in der DDR alles, was das Herz begehrte: Gegenden, in denen es aussah wie in Schottland oder Holland, eine Kanaldurchfahrt am Teupitzer See, die einen Dschungel, und eine Braunkohlenhalde bei Borna, die die Sahara vortäuschte. Ich glaube, wir wurden schon ganz gut verstanden.

Und dass die nächste Frage mehr Wohlwollen erzeugte, war kaum anzunehmen: Welche Schätze liegen auf dem Grund des über 160 Meter tiefen Brunnens der Festung Königstein? – Vielleicht die letzte Reserve. Der Besuch beim damaligen Festungsdirektor Weber ergab, dass seit 150 Jahren niemand unten war. Unsere Hoffnung, Schätze zu bergen, wurde größer. Denn wie viele Menschen werfen Geld in den Brunnen – es soll ja Glück bringen. Und was alles kann zufällig in die Tiefe gestürzt sein. Innerhalb einer Stunde einigten sich Drehstab und Festungsleitung, das Unternehmen sofort zu starten. Erfahrene Höhlenforscher waren von uns schon in Bereitschaft versetzt worden und reisten an. Wie am sichersten in die Tiefe kommen? – Bei der benachbarten Wismut wurde eine Seilwinde ausgeliehen und am Brunnen montiert. Drei Personen waren inzwischen bestimmt worden, die bis zur Brunnensohle hinabgelassen werden sollten – mit Tauchgeräten usw., einer davon mit unserer Kamera und einem Scheinwerfer ausgerüstet. Die Verständigung war nur durch Zuruf möglich und brach, wie sich herausstellte, bei 100 Meter Tiefe ab. Drei waren unten. Es begann ein nervenaufreibendes Warten. In regelmäßigen Abständen ein Blick in die Tiefe, wo von Zeit zu Zeit ein Licht aufflammte. Nach fünf Stunden endlich das Zeichen zum Aufstieg. Die Spannung steigerte sich von Minute zu Minute – und dann war es soweit. Als erstes erblickte die „Beute" das Tageslicht. Noch glaubten die vielen oben gebliebenen Expeditionsteilnehmer an einen Scherz der drei Brunnentaucher, aber es bestätigte sich, der Fund war dürftig: ein verrostetes Eisengestell; mehrere Münzen aus der Gegenwart, die aussahen, als hätten sie in einer Säure gelegen.

Die Vermutung, dass eine Strömung die in den Brunnen gefallenen Gegenstände wegspült, wechselte mit der Ansicht, dass tatsächlich eine chemische Substanz im Brunnenwasser die Gegenstände zersetzt.

16 Stunden dauerten die Bergungsarbeiten. Auf der Festung Königstein erinnert heute eine kleine Gedenktafel an dieses waghalsige Unternehmen.

Wir erkundigten uns im Zuschauerauftrag danach, wer die meisten Ausweise besaß, und waren erstaunt, als wir einen Herren vorstellen konnten, der 49 davon hatte. Er zahlte monatlich an die 200 Mark Mitgliedsbeiträge – in der DDR allerhand. Das Porträt des Mannes hatten wir so angekündigt: „Einer der praktischsten Gebrauchsgegenstände im Alltag ist der Ausweis. Seinen Wert erkennt man erst, wenn man ihn verloren hat."

Nun gehörte in die DDR-Jahrestag-Vorabend-Sendung endlich ein Beitrag, der dem bevorstehenden Ereignis gerecht wurde. Wir beantworteten die Frage: Wo ist die einsamste Gegend der DDR? Nach Überprüfung der Angebote entschieden wir uns für eine kleine Nebeninsel von Hiddensee, bewohnt von einem Ehepaar mit einem Pferd.

Die Sendung vom 9. November 1977 ist mir ebenfalls in guter Erinnerung geblieben, weil sie 2 Minuten zu lang war. Solche Vergehen, ich glaube das ist heute noch so, werden strenger bestraft als schlechte Sendungen. Dass man aber einen schriftlichen Verweis bekommt mit dem Hinweis, dass man großen volkswirtschaftlichen Schaden angerichtet hat, passte mehr in diese Zeit. Wir hatten inzwischen die Erfahrung gesammelt, dass es sich gut macht, wenn nach dem Vorspann der Sendung sofort etwas passiert und erst danach die Begrüßung erfolgt. Das ergab sich auch diesmal. Ausgerechnet eine Zuschauerin wollte den Damen eines sowjetischen Tanzensembles unter die Röcke schauen, denn sie war fasziniert, wenn die Tänzerinnen wie Puppen über die Bühne schwebten. Also meine Damen – die Röcke hoch und zeigen, wie es gemacht wird. Und das sah ulkig aus. Durch betont kurze Schritte wurde der gewisse Schwebeeffekt erzielt.

Die Beantwortung einer Frage wurde im wahrsten Sinne des Wortes zu einer Sternstunde. Was machen Frauen von Astronomen nachts? Ein Beitrag, der zwei Reporter benötigte. Ich ging zum Astronomen, ließ mir die Sterne erklären und fragte nebenbei, wie denn die liebe Frau ihre Nächte verbringt.

Hans-Joachim Wolle hatte sie inzwischen aufgesucht, eine Flasche Wein mitgebracht und sich bis spät bei ihr aufgehalten. Keine Bange – immer das Kamerateam in der Nähe, alle 30 Minuten wurden ein paar Bilder aufgezeichnet, die wunderbar die Aussage des Mannes unterstrichen, der sie im tiefsten Schlaf wähnte.

Wir zeigten, wie eine Flohfalle funktioniert, wir trafen uns mit Dresdner Studenten im „Bärenzwinger" und veranstalteten die erste Playback-Show in Deutschland – Höhepunkt war Udo Jürgens' Erfolgstitel „Aber bitte mit Sahne", vorgeführt von einem Medizinstudenten und drei sogenannten Background-Damen, die sich in der gleichen Fachrichtung qualifizierten. Inspiriert zu dieser Show hatte uns ein Leipziger, der entdeckt hatte, dass ein Herr aus seinem Nachbarhaus im Film „Der fliegende Holländer" im Matrosenchor mitgewirkt hatte, obwohl er bei der Sparkasse arbeitete und nicht besonders singen konnte.

Und schließlich erfuhr man durch „Außenseiter-Spitzenreiter", welches der Unterschied zwischen nackt, splitternackt und splitterfasernackt ist – natürlich mit Beispielen. Besonders die nackten Tatsachen steigerten die Popularität der Sendung. Dazu gehörten übrigens hervorragende Einschaltquoten, die selbstverständlich auch im DDR-Fernsehen ermittelt wurden, aber „nur für den Dienstgebrauch" in den höheren Etagen gedacht waren. Wir hatten unsere Verbindungen, und Büroredakteurin Gerlinde Salomon verwaltete eine Liste, in die alle Zahlen eingetragen wurden. Rekordergebnis: 54,1 Prozent Zuschauerbeteiligung. Wir können uns wirklich nicht beklagen.

Eine gute Nummer wurde der Bericht über eine Falle, die wir dienstreisenden Herren gestellt hatten. Die Dienstreise war ja zu DDR-Zeiten für viele das einzige große Abenteuer. Besorgte Ehepartner ermutigten uns, dabei doch besonders die Herren der Schöpfung zu beobachten. Das haben wir verschiedentlich versucht. Diesmal wurde im Dresdner Hotel „Newa" um 7.00 Uhr ein Poster aufgestellt: „Türkisches Bad für Herren mit Vollmassage durch geschultes weibliches Fachpersonal. Anmeldungen bei der Rezeption." Um 11.00 Uhr ein erster vorsichtiger Anruf bei der Rezeption. Wie ist die Nachfrage? Antwort: „Die Aktion läuft hervorragend. Zwei Durchgänge sind bereits verkauft".
Ein Bus brachte die Herren in den Dresdner Pionierpalast. Dort befand sich in den Gemächern ein traumhaftes Bad – in Mosaik von oben bis unten, von uns noch eigenhändig

präpariert – grünes Wasser, Palmen, Duftstoffe wurden versprüht und verführerische Musik eingespielt. Im Wasser schwammen fünf Nixen. Wir mit der Kamera im Versteck, in den Büschen die Mikrofone. Der erste Durchgang traf ein. Die Herren wurden zunächst aufgefordert, etwas in die Hocke zu gehen und im Entengang durch das Wasser zu plantschen. Bereitwillig machten alle mit in der festen Überzeugung, dass die ersehnten Augenblicke bald folgen werden. Doch nichts dergleichen geschah. Einziger Höhepunkt wurde der Auftritt von Hans-Joachim Wolle, der plötzlich aus dem Schatten trat. „Guten Abend, meine Herren, wir begrüßen Sie bei ‚Außenseiter-Spitzenreiter'." „Großes Hallo, nur ein Herr verschwand sofort in der Umkleidekabine und forderte, dass alle Aufnahmen mit ihm aus dem Film geschnitten werden. Er reiste auch gemeinsam mit seiner Frau in Berlin an und wollte die Korrektur persönlich kontrollieren. Eine Freigabe erreichten wir nicht, denn er verlangte, dass auch zwei Bilder, die ihn in weiter Ferne zeigten, herausgenommen werden sollten. Als ich darauf aufmerksam machte, dass wir dann den ganzen Film wegschmeißen könnten, weil nur noch ein Fragment übrig bliebe, rettete uns ganz unerwartet seine Frau, die spontan aufsprang, auf den Tisch klopfte und sagte: „Diese Bilder bleiben drin. Eine Strafe muss er haben. Auf Wiedersehen."

Vier Tage vor dem 1. Mai 1978 war die 36. Sendung „Außenseiter-Spitzenreiter" gelaufen. Am Stellplatz für die Maidemonstration in der Nähe vom Alexanderplatz war ja zunächst immer das große Warten angesagt. Na, und worüber wurde schon diskutiert am Kampftag – über die Arbeit. Im Mittelpunkt diesmal unsere Sendung und speziell ein Beitrag, der beträchtliches Aufsehen erregt hatte. An einem der großen Schornsteine des Kraftwerkes Boxberg stand eines Tages in halber Höhe in großen weißen Buchstaben: „Ich liebe Dich." – „Außenseiter" bekam von vielen Zuschauern der Region den Auftrag herauszufinden, wer es für wen wann geschrieben hat. Ahnungslos wunderten wir uns anfangs, dass wir bei den Recherchen von allen Ebenen größte Unterstützung erhielten, sonst waren wir das vor allem von den sogenannten einfachen Leuten gewöhnt. – Erst nach unserer Sendung stellte sich heraus, dass die Abteilung Sicherheit des Kraftwerks größtes Interesse an unserer Arbeit hatte, weil ihre eigenen Nachforschungen bis dahin erfolglos geblieben waren. Leider haben wir den jungen Mann gefunden. Er wusste, dass seine heißgeliebte Freundin jeden Tag von ihrem Fenster auf die Schornsteine schaute, allerdings aus weiter Ferne. Bei Nacht und Nebel gelang ihm der Husarenstreich. Eine romantische Alltagsgeschichte, die aber den Verantwortlichen überhaupt nicht schmeckte. Wieso kann jemand unbehelligt auf einen Schornstein steigen und irgend etwas anschreiben?! Die ganze Sache hatte einen tragischen Ausgang, der junge Mann wurde entlassen. Unsere Einsprüche hatten keinen Erfolg; uns blieb nur ein hilfloses Bedauern. Die erfahrenen Kollegen hatten schon bei der Mai-Debatte vorausgesagt, dass die Sache ein böses Nachspiel haben würde. Wie recht sie hatten!

Nicht unerwähnt sollen die Prominenten bleiben, die uns bereitwillig ihre Schulzeugnisse zeigten, um die Neugier eines Zuschauers aus Mittweida zu befriedigen. Zum Beispiel Kammersänger Theo Adam, der ein braver Bub war und u.a. in den Fächern Religion und Musik eine blanke Eins hatte. Oder der Schriftsteller Richard Christ, dem es geradezu peinlich war, dass er nur Positives erzählen musste, es gab keine Ausrutscher, keine Tadel. Aus ganz anderem Holz war dagegen Jürgen Kuczynski geschnitzt. Bevor er Einzelheiten bekannt gab, informierte er, dass alle Philosophen des 19. Jahrhunderts schlechte Schüler waren – Marx, Engels und damit auch er. Von vielen stark beachtet, dieser Fernsehauftritt Kuczynskis in unserer Sendung. Der meist in einem zwiespältigen Licht stehende Mann hatte sich sehr selten im DDR-Fernsehen gezeigt und geäußert.

Auf uns machte er nicht den Eindruck, als würde das von ihm ausgehen.

Im Schnelldurchlauf einige unserer Themen Ende der 70er Jahre, beginnend mit einer Aktion im Schnellzug:

Wir zogen die Notbremse, um den Zuschauern zu zeigen, was dann eigentlich passiert – der Bremsweg war um einiges länger, als wir es uns vorgestellt hatten;

wir stellten einen Zauberer vor, der in kurzen Hosen seine Tricks vorführen kann;

im zuständigen Ministerium wurden wir vorstellig, um zu fragen, was man mit Gold macht, das auf dem Boden der DDR gefunden wurde;

und wir verschafften schließlich den vollbusigen Molly-Sisters ihren ersten Fernsehauftritt.

Was wir alles für Sie erkunden durften – die Stelle, wo der einzige Meteorit auf dem Gebiet der DDR niederging, wo die musikalischste Straßenbahn fährt; ohne jeden Zweifel in Halle. Das Quietschen in der Bahnhofskurve wurde als besonders klangvoll eingeschätzt; es hatte sogar in Gedichte Eingang gefunden.

Der liebenswerte Professor Klemke – Kater-Erfinder und Zeichner des „Magazins" – fragte an, nach welchem System die Stecknadeln bei neuen, auf Pappe gehefteten Hemden angebracht sind – und bekam prompt eine Antwort.

Höhepunkt der 38. Folge war die Beantwortung der Frage, ob man den Minutenwalzer tatsächlich in einer Minute spielen kann. Drei bekannte Pianisten, nämlich Dieter Zechlin, Peter Rösel und Siegfried Stöckigt, legten sich ins Zeug. Stöckigt gewann den Wettbewerb in der Zeit von 57 Sekunden.

Schließlich erfüllten wir in der gleichen Sendung Gustav-Adolf Schur einen Wunsch: Wir beantworteten seine Frage, ob es von allen Wochentagen Familiennamen gibt. Wir hatten die Kandidaten heimlich nach Heyrothsberge bei Magdeburg bestellt, wo das Sportidol „Täve" zu Hause ist. Alle waren gekommen, nur eine Familie Donnerstag fehlte, den Namen gibt es in Deutschland nicht.

Bemerkenswert war auch der erste Fernsehauftritt des beliebten Karikaturisten Henry Büttner. Es wurde geklärt, warum sich der Meister bisher nicht am Bildschirm zeigte - weil er keinen Fernsehapparat hatte.

Dann folgte eine Sendung, über die es wieder etwas mehr zu schreiben gibt – Folge 39 vom 29. November 1978. Sie war fertig zusammengestellt, vom engsten Kreis der Redaktion begutachtet und sollte zur „Abnahme" den Fernsehchefs vorgespielt werden, die aus irgendeinem uns unbekannten Grund besonders zahlreich erschienen waren. Wir mutmaßten schon das Schlimmste, aber seltsamerweise erhob sich kein Einwand gegen einen Beitrag über einen ganz besonderen Storch: Ein Rentnerehepaar hatte ihn vor längerer Zeit mit gebrochenem Flügel gefunden und bei sich behalten. Nun zog er nicht mehr nach dem Süden und hatte in der DDR sein neues ganzjähriges Zuhause. Auf die Frage, ob er nicht unruhig würde, wenn die anderen davonziehen, kam die nachdenkliche Antwort: „Der will nicht mehr weg. Der hat sich mit seinem Schicksal abgefunden."

Außerdem beschäftigten wir uns mit dem Schicksal Zuspätkommender im Theater. Wir hatten uns im Großen Haus der Dresdner Staatstheater stationiert und bewunderten die erfahrene Logenschließerin im 1. Rang, die alle Fortissimostellen der Werke, die auf dem Opernspielplan standen, kannte und genau an diesen Stellen Einlass gewährte.

Den Schlusspunkt setzten wir im Konzertsaal der Stadthalle in Karl-Marx-Stadt, wo unter Leitung von Generalmusikdirektor Günther Josseck die konzertante Aufführung unserer Vor- und Abspannmelodie „Top the day with funny play" von Charles Gerard, im Richard-Wagner-Sound arrangiert, gegeben wurde. Wie sonst auch meist – kostensparend im Anschluss an eine „normale" Veranstaltung.

Ich fand natürlich, dass uns ein Volltreffer gelungen war und man uns völlig zu Recht lobte. Alles okay dachten wir, und doch passierte etwas ganz Unglaubliches: Ich, der Undisziplinierte, der schon mit mehreren Rügen und Verweisen leben musste, weil er wiederholt die vorgegebene Sendezeit überzogen hatte, wurde gebeten, diese Sendung wenigstens um 10 Minuten zu verlängern, möglichst mit massenwirksamen Beiträgen, die starkes DDR-Kolorit haben. Das tat ich mit Freuden... – Erst Tage später erfuhr ich von Frank Beyer den Hintergrund: Er hatte gegen starken Widerstand der Fernsehleitung durchgesetzt, dass an diesem Abend sein Fernsehfilm „Geschlossene Gesellschaft" ausgestrahlt wurde. Um die Einschaltqoten gering zu halten, war die Sendung extra spät ins Programm genommen worden, denn nach unserer verlängerten Sendung wurde außerdem noch zusätzlich ein Dokumentarfilm ausgestrahlt. Auch andere haben schon über diesen dubiosen Fernsehabend geschrieben und die „geschickten" Manipulationen erwähnt, die uns und andere in Rollen brachten, die man leider erst hinterher durchschauen konnte.

Mit Elan gehen wir in das 8. „Außenseiter"-Jahr, beginnen es mit der 40. Sendung und denken nun, das soll uns erst mal einer nachmachen!

„Wie lange dauert ‚Komme gleich wieder'?", war darin zu beantworten, und wir erfuhren so von einer kuriosen Begebenheit, die mehrere Wochen für Gesprächsstoff sorgte. Eine vielleicht 60jährige Verkäuferin an einem Zeitungskiosk im Dresdner Hauptbahnhof nahm oft Gelegenheit, um in tschechischen Reisezügen einige Flaschen Pilsner Bier zu kaufen, das in den Geschäften und Kaufhallen damals nicht erhältlich war. Bevor sie losging, hängte sie immer das Schild „Komme gleich wieder" an die Scheibe. So auch an jenem Schicksalstag. Die Verhandlungen über den Preis des Bieres im Speisewagen des Zuges dauerten ungewöhnlich lange. Ehe sich unsere Zeitungsfrau versah, rollte der Zug aus dem Dresdner Hauptbahnhof. Ein Halt in Dresden-Neustadt stand nicht im Plan. So fuhr sie kurzerhand durch bis nach Berlin-Schönefeld.

Dort hatte sie 80 Minuten Aufenthalt, bis der Gegenzug abfuhr. Nach sechs Stunden und zwölf Minuten war sie wieder an ihrem Kiosk im Dresdner Hauptbahnhof und alle Kunden erfuhren an den nächsten Tagen, wie lange unter Umständen „Komme gleich wieder" dauern kann.

Wie lange die Aufführung der Oper „Die Meistersinger von Nürnberg" von Richard Wagner dauert, ist auf jedem Spielplan zu lesen – ungefähr sechs Stunden, mit Pausen –, aber welches Aufgebot an Mitwirkenden auf und hinter der Bühne erforderlich ist, musste erst ermittelt werden. Jedenfalls schickte uns ein Opernfreund aus Neuruppin eine diesbezügliche Anfrage. Nachdem wir festgestellt hatten, wie viele Mitarbeiter sich schon im Haus der Deutschen Staatsoper Unter den Linden in Berlin aufhielten, begann das Zählen am Bühneneingang, wo alle Mitwirkenden beim Pförtner vorbei mussten. Wir riefen jedem die laufende Nummer zu und fragten die Passanten nach ihrer Aufgabe – vom Kantinenpersonal über Beleuchter bis zu Peter Schreier, der in dieser Vorstellung den David sang, waren es bis zum Vorstellungsbeginn 489 Personen, die an den „Meistersingern" beteiligt waren. Fast hätten wir den Pförtner vergessen, also 490 die endgültige Zahl.

Der Besuch in einer Fahnenfabrik wurde von uns in die Kategorie „Lustspiel" eingeordnet. In Radebeul gab es eine der wenigen Firmen, die Fahnen in Handarbeit herstellten. Dabei handelte es sich nicht um einfache „Winkelemente", sondern um richtige Flaggen, die etwas hermachten. Und wie so oft war auch in diesem Fall vorher gar nicht zu ahnen, wo und an welcher Stelle Freude aufkommen sollte – hier bei den Preisen. Unsere Zuschauer erfuhren, dass die amerikanische Fahne die teuerste in der Herstellung ist, wegen des Sternenbanners. Weniger verdienen konnte man an der japanischen Fahne – großes weißes Tuch mit rotem Punkt. Die kleinste Gewinnspanne gab es bei der roten Fahne, da konnte man den Kunden fast nur das Tuch in Rechnung stellen – ökonomisch gesehen natürlich ungünstig, denn rote Fahnen wurden nun mal am meisten bestellt.

Nicht alle Menschen verdienen sich bekanntlich ihr Geld mit ehrlicher Arbeit. Einige überfallen zum Beispiel in regelmäßigen Abständen eine Bank und transportieren das geraubte Geld nicht selten in einem Aktenkoffer. Auch Lösegeld wird in solchen Aktenkoffern übergeben. Genügend Anhaltspunkte, um auf die Frage zu kommen, wie viel Geld eigentlich in 100-Mark-Scheinen gebündelt in einen solchen Aktenkoffer passt. – Wir beschafften uns einen Rolls-Royce, engagierten einen Egon-Olsen-Doppelgänger aus Freital und erwirkten die Genehmigung, im Haupttresor der Staatsbank der Deutschen Demokratischen Republik zu drehen. Die große Tür des Tresors öffnete sich, ein Raum wurde sichtbar, in dem auf Regalen Geldscheine gestapelt waren. Wir füllten unseren Koffer bis an den Rand mit Hundertern und zählten dann die Scheine: 1.200.000 Mark der DDR passten in den Koffer, der dem Egon-Olsen-Double übergeben wurde. Mit Zigarre im Mundwinkel und der „Beute" auf den Knien fuhr der Gentleman-Gauner davon. Ein Filmschluss gewissermaßen, der mit der Wirklichkeit nichts zu tun hatte, denn dort wurde nach der Aktion der Koffer sofort entleert und das Geld wieder in den Tresor gebracht. Ein schönes Gefühl war es doch, über eine Million Ost im Koffer zu haben. Auch damit hätte man allerhand anfangen können.

In der Nähe von Cottbus, ich glaube, es war in Kolkwitz, fanden in einer Familie drei Hochzeiten an einem Tag statt: eine Grüne, eine Silberne und eine Goldene. Wir registrierten die Meldung, und fragten uns, was wir damit anfangen könnten. An dieser Stelle zum zweiten Mal etwas Eigenlob – wir haben uns manchmal gequält, bis wir die passende Idee hatten. Jeder kennt aus eigenem Erleben den Verlauf einer Familienfeier. Irgendwann hat man sich einer Person zuzuordnen – bin ich nun dein Großcousin oder der Neffe deiner Tante? Who is who? Das machten wir zu unserem Anliegen, als wir die große Hochzeitsparty besuchten. In welchem verwandtschaftlichen Verhältnis stehen die Gäste zueinander? Ein Gaudium maximum. „Ich bin von der Schwester der grünen Braut aus 1. Ehe der Sohn, den der Mann mitgebracht hat." Manches wäre einfacher auszudrücken gewesen, denn, Sie kennen das Beispiel: des Mannes Mutter ist meiner Mutter Schwiegermutter – Na, wer ist es? – Der Vater. Bliebe nochmals festzuhalten: ein tolles Gesellschaftsspiel für große Familienfeiern.

Die Leute haben alles mitgemacht. Sie sind für uns auf Entdeckungsreise gegangen und haben ihre Erfahrungen mitgeteilt.
Wir suchten die Barfrau mit dem tiefsten Ausschnitt und bekamen Hinweise aus allen Himmelsrichtungen. Am Senftenberger See betrieb „die Tiefste" ihr Anwesen. Jeder 80.

DDR-Bürger war ihr schon begegnet, wenn die Besucher-zahlen stimmten. Kein Wunder also, dass wir von dieser Barfrau erfuhren. Unser Besuch löste ein großes Echo aus und damit einen immer größer werdenden Pilgerstrom an den See. Eingeweihte sprachen davon, dass der Ausschnitt vier Wochen nach der Sendung noch tiefer gerutscht wäre und freie Plätze in der Gaststätte immer seltener wurden.

„Man kann sein Bierchen auch im Garten trinken, am bes-ten im eigenen, wo heutzutage meist der alte Kühlschrank steht und somit die Getränke wohltemperiert gereicht wer-den können" – so die Vorbemerkung zum Beitrag über ein Gartenfest am S-Bahn-Knotenpunkt Ostkreuz in Berlin. Genau dort hatten Zuschauer in einem Gleisdreieck einen Garten mit Laube entdeckt. An einem heißen Sommertag hatten sich die Laubenpieper im engsten Familienkreis zu einem kleinen Umtrunk versammelt, als plötzlich die „Au-ßenseiter"-Mannschaft auftauchte. Alle rätselten, was der Anlass dafür sein könnte, dabei ratterte unsere Kamera schon pausenlos, weil sie einmalige Bilder einfangen konn-te, an die sich unsere Gastgeber offenbar schon gewöhnt hatten. Sie sahen und hörten die S-Bahnen nicht mehr, die fast ohne Unterbrechung links, rechts, oben, unten, vorn und hinten um den Garten rollten. Zeitweilig war der Ge-räuschpegel so hoch, dass man die Unterhaltung abbrechen musste. Auf meine Frage, warum sie sich ausgerechnet in diesem Hexenkessel niedergelassen haben, kam die ein-leuchtende Antwort: „Was nützt uns ein Garten, wo alle fünf Minuten jemand angeschissen kommt. Hier haben wir unsere Ruhe."

Meine Freude ist besonders groß, wenn sich unsere Zu-schauer auch an die „leisen" Beiträge erinnern. Gerade die-ser Tage sprach mich ein Herr in Potsdam an, der sich noch ganz genau an den Jungen mit der Taube erinnerte. Dieser Junge lag vier Wochen im Krankenhaus in einem Zimmer unter dem Dach. Am offenen Fenster schaute er manchmal über das Land und träumte vor sich hin. Eines Tages wurde er durch das Gurren einer Taube geweckt. Sie saß am Fenster und flog nicht weg, als er näher trat – Liebe auf den ersten Blick. Mehrmals täglich hatten beide ein Rendezvous am Fenster, bis der Junge eines Tages vom Pflegepersonal hörte, dass am Wochenende etwas gegen die Taubenplage unternommen werden sollte. Er konnte es nicht fassen und schlief eine ganze Nacht nicht. Dann stand sein Plan fest. Es gab nur einen Ausweg: Am Abend schlich er sich aus dem Krankenhaus, rief seine Taube – das hatte er schon mehrfach probiert –, und sie kam sofort angeflogen. Er brachte sie nach Hause und versteckte sie in einem Schuppen. Drei Tage später holte er sie zurück. 18 Tage dauerte sein Krankenhausaufenthalt noch – kein Problem für den Jungen, denn er hatte ja seine Taube wieder.

Als ich mir von ihm die Geschichte erzählen ließ, war er schon wieder ein Vierteljahr aus dem Krankenhaus entlassen und das Verhältnis zu seiner Taube war noch inniger geworden. Sie saß während unserer Unterhaltung auf einem Zaun. Als der Junge zur Telefonzelle ging, kam sie hintergeflogen und setzte sich auf das Dach. In dem Moment, da er die Tür einen Spalt öffnete, kam sie hereingeflattert und setzte sich auf den Apparat. Er stieg auf sein Moped und startete – die Taube flog hinterher. Er fuhr auf Wegen durch die Felder und Wiesen, und wie ein Geist kreiste die Taube in sicherem Abstand über dem Fahrzeug. Bilder, wie aus einem Märchenbuch.

Schluss mit dem Schwärmen, wenn sie nicht gestorben ist, dann lebt sie noch heute.

Eines der ersten Nachkriegsfahrzeuge war der F 8, den man noch Ende der 70er Jahre hin und wieder im Straßenverkehr entdecken konnte. Wir erforschten die Geschichte eines Autos. Das ging ganz einfach. Wir blätterten im Fahrzeugbrief und tasteten uns von Besitzer zu Besitzer gewissermaßen rückwärts vor. So konnten wir auch den ersten

Besitzer begrüßen – einen Tierarzt aus Köthen, der sogar eine Träne im Auge hatte, als sein treuer F 8 angeknattert kam. Das Auto hatte insgesamt neun Besitzer, der letzte war ein Student, der den „alten Herrn" noch einmal richtig aufgemöbelt hatte, so dass der bestimmt noch ein paar Jahre weiterlebte und noch einen zehnten Besitzer kennen lernte.

Das Fragenkarussell unserer Zuschauer dreht sich unaufhaltsam weiter.

Warum beobachten so viele Leute den Sonnenuntergang?

Für welchen Leserkreis sind die Angaben von Mondauf- und -untergängen, die in den Zeitungen veröffentlicht werden, wichtig?

Warum werden bei Versammlungen meist die hinteren Plätze zuerst belegt?

Das Anliegen eines sehr gewissenhaften Zuschauers führte uns in die Stadthalle Karl-Marx-Stadt. – Ein Konzert stand hier an einem Novemberabend auf dem Programm. Die kühle Jahreszeit war günstig für unser Vorhaben. Selbst Leute, die mit dem Auto kamen, warfen sich auf dem Weg vom Parkplatz zur Halle einen Mantel über die Schulter. Wir waren schon 2 Stunden vorher eingetroffen und hatten unser Vorhaben mit den Garderobenfrauen besprochen. Sie sammelten alle Mäntel und Jacken ein, die ohne Aufhänger abgegeben wurden. Während sich die ahnungslosen Konzertbesucher im Saal von schönen Melodien verzaubern ließen, wurde hinter der Bühne das Protokoll geschrieben: 634 Besucher hatten Garderobe abgegeben, an 49 Kleidungsstücken fehlte der Aufhänger, also an jedem 12. Mit diesen Fakten ausgerüstet, trat ich nach der Pause vor das überraschte Publikum. Der Vorhang öffnete sich und auf rollenden Garderobenständern wurden diejenigen Jacken und Mäntel präsentiert, die wegen fehlender Aufhänger die Arbeit erschwerten. Die Ausreden der Betroffenen waren köstlich und stellten die große Geste der Garderobenfrauen fast in den Schatten. Die hatten nämlich in fieberhafter Eile bereits alle Aufhänger angenäht oder durch neue ersetzt.

Ich gehöre zu den Menschen, die einen Tag, wenn es die Zeit erlaubt, ruhig angehen. Deshalb höre ich zum Beispiel morgens auch kein Radio, sondern setze mich lieber ins Grüne, ausgerüstet mit einer Tasse Tee und einigen Tageszeitungen. So hatte ich auch die Rundfunkpremiere eines Titels verpasst, der die Gemüter bewegte und von allen Sendern mehrmals täglich abgespielt wurde. Auch in unserer Redaktion war man von diesem Lied begeistert und hatte es mitgeschnitten. „Der Sachse liebt das Reisen sehr..." – eine mir bis dahin unbekannte Stimme trällerte ein Sachsenlied. Mensch, war das eine Idee, die ganze Misere eines Volkes so fröhlich an den Pranger zu stellen! Die Leipziger allerdings kannten den Sänger, Jürgen Hart, schon lange als scharfzüngigen Kabarettisten der „Akademixer". Nun wurde er – quasi über Nacht – landesweit und über die Grenzen hinaus bekannt. Jürgen Hart schrieb auch selbst diesen brisanten Text, dessen ideale Vertonung kein Geringerer als Arndt Bause besorgt hatte. Ein Lied ergriff die Massen. „Außenseiter" besuchte Jürgen Hart und traf auf Leute aus Sachsen, die Text und Melodie bereits sicher beherrschten. – Das war „Hart an der Grenze." So sollte ursprünglich die Langspielplatte des Kabarettisten heißen, wie wir in Erfahrung brachten; aber sie bekam dann doch einen anderen Titel – wahrscheinlich war der alte schon ein ganzes Stück darüber hinausgeschossen.

Der Titel „Mama Leone" war bekannt, hatte einen italienischen Text und brachte schon daher keine Probleme. Wir befanden ihn für passend als Untermalung von Bildern, die uns die Familie mit den meisten Kindern lieferte. Sie war in Leipzig zu Hause, hatte sich im Garten auf dem eigenen Grundstück versammelt, und wer anders als die Mama stand im Mittelpunkt. Sage und schreibe 18 Kinder hatte sie zur Welt gebracht. Das Leben der Familie war mustergültig organisiert. Es blieben offenbar nur wenige Fragen offen. Nach der Sendung schrieb mir ein Zuschauer, ich hätte eine

Frage an die Eltern vergessen, die sonst immer von Reportern gestellt wird: Was machen Sie in Ihrer Freizeit?

Nun möchte ich ein anderes Ensemble würdigen, die Damen und Herren des Deutschen Theaters in Berlin. Besonders in den Jahren, in denen dort mein Namensvetter, Intendant Wolfram, wirkte, konnten wir mit dem Ensemble mehrere Fragen klären. Zum Beispiel: „Was versteht man unter einem Theaterkrach?" Besonders die Herren Grosse, Franke und Ludwig traten bei der Demonstration hervor. Auf einen schlüssigen Satz brachte Eberhard Esche die Antwort: „Theaterkrach – eine regelmäßig wiederkehrende Erscheinung, deren eigentliche Ursache schon vergessen ist, während der Krach noch auf Hochtouren läuft, weil ihn Schauspieler auch spielen können."

Zum 70. Geburtstag von Rolf Ludwig schickte ich dem Jubilar 1995 die Videokassette in dankbarer Erinnerung an den gelungenen „Theaterkrach", den er uns mit seinem damals leider schon verstorbenen Garderobennachbarn Joachim Franke vorgespielt hatte.

In einem Wäldchen auf dem Gelände der DEFA beantworteten wir mit einer kleinen Liebesgeschichte die Frage: „Wer im Film den Wind macht?" Hans-Joachim Wolle bekam in seiner waldigen Doppelbettszene gehörig Zug aus der Windmaschine.

Eine Feststellung des Windmachers begeisterte uns in ihrer Doppeldeutigkeit besonders: Er arbeite ja nicht nur für die DEFA, sondern auch fürs Fernsehen. Aber die Anforderungen seien ganz verschieden. Für die vom Fernsehen müsse er immer mehr Wind machen...

Manchmal erzielen auch kleine Beiträge eine große Wirkung. Es hatte jemand angefragt, ob es heutzutage noch Männer gibt, die Monokel tragen. – Einer meldete sich. Wir haben ihn zeitunglesend gezeigt und dass er gerade das „Neue Deutschland" studierte, fanden viele Zuschauer sehr delikat und ließen es uns in Dankschreiben wissen.

Apropos Zeitungen. Mindestens alle hundert Jahre wird an den Kirchen der Turmknopf erneuert. Diese vergoldete Kugel an der Spitze des Turmes hat aber nicht nur dekorative, sondern auch „inhaltliche" Bedeutung. Wenn sie erneuert wird, hinterlässt der amtierende Pfarrer in ihr eine handgeschriebene Botschaft, legt Münzen bei und aktuelle Zeitungen. Im ostsächsischen Mittelherwigsdorf durften wir Zeuge einer Turmknopferneuerung sein. Spannendster Augenblick war natürlich das Herablassen und Öffnen der alten Kugel. Seit der Jahrhundertwende thronte sie unberührt oben. Tatsächlich – Münzen waren darin, eine Schatulle mit einer Botschaft für den Pfarrer und Zeitungen. In diese wurde uns ein Kamerablick gestattet. – Und welche Schlagzeile war auf einer Titelseite zu lesen? Wir trauten unseren Augen kaum: „Russisch-chinesische Grenzstreitigkeiten." – Ein sehr aktuelles Thema auch am 10. April 1980.

Tänzer können ihren Beruf bekanntlich nur eine kurze Zeit ausüben und wechseln dann meist in eine andere Tätigkeit. Ob sie noch etwas zeigen können aus dem ersten Berufsleben? – Wir hatten schon einige ehemalige Ballettherren gefunden und überredet, zum Beispiel einen Oberkellner im Berliner Operncafé, der uns auf dem Vorplatz einen Sprung zeigte, gewissermaßen wie in alten Tagen. Ein Betriebsdirektor improvisierte einen Pas de deux mit der Sekretärin. Leider wurde uns nicht genehmigt, den Botschafter der DDR in Zaire am Flugplatz zu begrüßen und ihn zu bitten, in einem Beitrag über ehemalige Tänzer mitzuwirken. Auf dem Rollfeld hätte er sich gut gemacht, aber leider...

Wenn uns zum Beispiel niemand gefragt hätte, wie Ereignisse unserer Zeit mit einer alten Kamera gedreht wirken, wären wir mit Sicherheit nicht auf die Idee gekommen, den Wachaufzug der Nationalen Volksarmee Unter den Linden ins Visier zu nehmen. Dieses Ereignis versammelte jede Woche Tausende Schaulustige. Besonders der Tambourmajor begeisterte die Leute, wenn er seinen Stab über 10 m hoch in die Luft warf und nach mehreren Drehungen wieder sicher fing. Und wie wirkten die Bilder mit der alten Kamera, die in Schwarzweiß die eckigen Bewegungen der

Akteure zeigte? – Wie ein Aufmarsch Preußischer Soldaten vom Anfang des 20. Jahrhunderts. Wir mussten uns endlosen Diskussionen stellen, ob die Armee des Volkes mit den gedrehten Aufnahmen nicht etwa lächerlich gemacht werden sollte.

Für „politische" Passagen wurden wir selten gelobt, weil sie keine eindeutigen Aussagen hatten. Das „Neue Deutschland" zum Beispiel, hatte zu unserer Sendung eine klare Abgrenzung gefunden. Während die Zuschauer und wir selbst nur vom „Außenseiter" sprachen wenn es um die Sendung ging, verwendete das Zentralorgan ausnahmslos die Kurzfassung „Spitzenreiter."

Signalwirkung hatte eine Frage, die das Verkehrswesen im Lande betraf: Welche Eisenbahnschranke in der DDR ist am meisten geschlossen? Ein Lehrer und 35 Schüler waren 24 Stunden im Einsatz, um die Schließzeiten ihrer Favoritenschranke im Heimatort Aue zu stoppen. Das Ergebnis: 6

Stunden, 24 Minuten, 12 Sekunden. Sollte zufällig einer der Teilnehmer von damals diese Zeilen lesen, nehmen Sie bitte stellvertretend für alle folgendes zur Kenntnis: Sie waren an einer der genialsten Zuschaueraktionen unserer Sendung beteiligt. Dafür nach Jahren nochmals Dank und Anerkennung.

In unsere interne Rubrik „Zuschaueraktion" gehörte auch eine Familie die zeigte, wie man in einem Einfamilienhaus die meisten Gäste unterbringen kann: 35 Personen waren zur Jugendweihe gekommen, und 35 fanden einen zumutbaren Schlafplatz z.B. in der Badewanne oder im Feldbett, das im Fahrradschuppen aufgestellt wurde. Gegen 22.00 Uhr erlebten die Gäste der Familienfeier den Höhepunkt: die Schlafplätze wurden ausgelost. Als das Los entschied, dass der schwergewichtige Hausherr in der Hängematte auf dem Balkon schlafen musste, während seine Frau in der Küche auf zusammengelegten Kuchenbrettern immerhin einen Innenplatz erwischte, konnten auf dem Stimmungsbarometer Höchstwerte abgelesen werden.

Inzwischen hatte ich mir angewöhnt, wöchentlich einmal meine Taschen zu leeren und die auf verschiedenen kleinen Zetteln festgehaltenen Vorschläge, die mir allerorts gemacht wurden, auf einen großen Zettel zu übertragen. Diese Notizen waren meine „stille Reserve" für den Fall, dass eine Sendung noch eine bestimmte Zutat verlangte; sie wurden oft zum Zünglein an der Waage.

Irgend jemand steckte mir zum Beispiel die Montage-Anleitung für einen Abfalltretbehälter in die Tasche. Ich sollte sie mir in aller Ruhe zu Gemüte führen, vielleicht ließe sich etwas daraus machen. – Und ob! Ich musste beim Lesen laut lachen, besonders über den Schlusssatz: „Wenn der Abfalltretbehälter jetzt nicht funktioniert, haben Sie bei der Montage etwas falsch gemacht." Man musste die Anleitung unbedingt verlesen lassen. Es wurde die Stunde des unvergessenen Herwart Grosse, der damit nach einigen Ne-

benrollen seine erste und leider einzige Hauptrolle bei „Außenseiter-Spitzenreiter" bekam. Der große Mime des Deutschen Theaters hatte sich gewissenhaft auf den Vortrag vorbereitet. Diszipliniert, ohne dass ein Lachmuskel zuckte,
trug er Zeile für Zeile mit eiskalter Miene vor – eine Sternstunde der Fernsehunterhaltung. Natürlich hatte uns niemand vorgeschlagen, Herrn Grosse zu bitten, den Text der
Montageanleitung vorzutragen. Ich will damit nur ein ganz
klein wenig betonen, dass wir unsere bescheidenen Erfolge
zwar zu 99 Prozent unseren Zuschauern zu verdanken hatten, selbst aber immerhin das fehlende eine Prozent als eigene Zutat einbrachten.

Ohne Hilfe bestand auch der Zahnarzt Dr. Tesch aus Berlin
sein Fernsehdebüt. Er hatte sich Gedanken gemacht, wie
man dem Patienten die Angst vor dem Zahnarzt nehmen
könne. Dr. Tesch hatte ein Rezept gefunden. Mit dem
Druckluftgerät, das Bohrlöcher trocknet und Zahnlücken
reinigt, spielte er, die Töne zwischen Daumen und Zeige-
finger formend, vor der Behandlung bekannte Melodien.
Sein Hit war der Mozart-Song „Sagt, holde Frauen". Alle
Damen und Herren auf dem Stuhl lobten die Methode, die
sie locker und vergnügt machte. Nach dem Fernsehauftritt
bei uns wurde Dr. Tesch mit seiner Darbietung für eine Revue des Friedrichstadtpalastes verpflichtet. In 16 Vorstellungen überzeugte er im Palast der Republik das Publikum
mit seiner Kunst.

Wir haben der Obrigkeit immer wieder Rätsel aufgegeben,
beispielsweise über die Schweizen in der DDR. Denn es
gab nicht nur die Sächsische Schweiz sondern auch die
Wolkensteiner Schweiz, die Plauener Schweiz, die Buckau-
er Schweiz, die Törtensche Schweiz, die Mosigkauer
Schweiz, die Mecklenburger Schweiz – es waren 23
Schweizen insgesamt, die wir ausfindig machten. Unsere
Studie übergaben wir der Schweizer Gesellschaft in der
DDR und unsere Zuschauer wussten von Stund an, dass

man nicht unbedingt nach Genf reisen muss, weil ja jeder eine Schweiz vor der Haustür hat.

Zwischen Torgau und der Lutherstadt Wittenberg gab es keine Möglichkeiten, die Elbe zu überqueren. – Ein Problem für einen Mann, der in der Höhe der Ortschaft Pretzsch lebte und regelmäßig bald auf der einen, bald auf der anderen Seite zu tun hatte. Eines Tages waren ihm die Umwege zu weit, und er baute sich einen schwimmenden Fahrradanhänger. Darin konnte er Kleidung und mitgeführte Gegenstände aufbewahren, wenn er schwimmend das andere Ufer erreichen wollte. Das Fahrrad fand, gut ausbalanciert, quer darüber liegend seinen Platz. Es funktionierte. Zweimal in der Woche schwamm der Mann, sein Hab und Gut vor sich hertreibend, über den deutschen Schicksalsstrom – einmal waren wir dabei. Das Unternehmen wurde überraschenderweise nicht beanstandet – wahrscheinlich, weil ja jeder riskanten Flussüberquerung von Ost nach West eine von West nach Ost gegenüber stand. Und von solcher Ausgeglichenheit konnten ja die DDR-Oberen sonst nur träumen. Die bestehenden begrenzten Möglichkeiten für uns wurden manchmal zum Extrabonus für die Beantwortung einer eingesandten Frage. Was versteht man unter Wiener Charme? war so eine. Wir stellten uns am Flughafen Berlin-Schönefeld auf und warteten, bis eine Maschine aus Wien eingetroffen war. Was blieb uns übrig? Kleine Kostprobe: „Wiener Charme ist, wenn man nicht fragt, warum Sie sich danach nicht in Wien erkundigen."

Trotzdem waren uns inzwischen alle möglichen Ehrungen zuteil geworden: Banner der Arbeit, Vaterländischer Verdienstorden, Silberner und Goldener Lorbeer des Fernsehens und mehrere Prädikate „Besonders wertvoll." Auch zur 50. Sendung wurde uns ein Goldener Lorbeer überreicht. Wir nahmen ihn dankend entgegen, auch weil uns die Jubiläumsausgabe gut gelungen war. In der Sendung stellten wir Hans Kästner vor, den Mann, der in allen Zei-

tungen seine Inserate hatte, Stichwort: „Diskreter Versand."
Damals sprach man noch nicht öffentlich und locker über
Kondome. Ich hatte damit mehr Schwierigkeiten als mein
Gesprächspartner, der mich nach der Debatte über Rekla-
mationen an seinen Schreibtisch führte. Von hier aus regel-
te er alle Geschäfte und hier hing die schönste Auszeich-
nung die das Betriebskollektiv bekommen hatte – die
Goldmedaille im „Mach-mit-Wettbewerb".

Fernseheulenautor Hans-Georg Stengel erzählte mir später,
dass er fast vom Hocker gefallen wäre, als Kästner, ein
Vetreter der „Verhütlibranch", von dieser Ehrung erzählte.
Die „Mach-mit-Medaille" wurde bekanntlich für Aktivitäten zur Verschönerung des Wohngebietes verliehen.

Im Februar 1981 konnte sich unser Team bei einer Blitzak-
tion bewähren. Der Orchestervorstand der Dresdner Staatskapelle hatte nachmittags angerufen und mitgeteilt, dass es
um 20.00 Uhr im Kulturpalast zu einer konzertanten Aufführung von Richard Wagners „Rheingold" käme. Der Dirigent Marek Janowski hatte dazu eine sensationelle Idee,
die er aber dem Fernsehen vergeblich schmackhaft zu ma-

chen versucht hatte. Zum ersten Mal war vom Meister vorgegeben, 16 Pauker und Schlagzeuger aus verschiedenen Orchestern einzuladen, die mit kleinen Hämmerchen den Takt zur Schmiedeszene schlagen sollten. Das Fernsehen hatte einfach nicht reagiert. Und da „Außenseiter" das Image einer schnellen Truppe hatte, waren wir die letzte Hoffnung des Orchesters, den verärgerten Janowski zu besänftigen. Drei Stunden später war der komplette Drehstab in Dresden. Janowski stellte seine Gage zur Verfügung, um damit die Extraleistungen der Musiker honorieren zu können. 16 Herren im Frack, ausgerüstet mit zwei Hämmerchen und einem Stück Eisen, jeder hatte es vor sich liegen auf einem Stuhl. „Bilder, die man der Nachwelt erhalten muss", frohlockte der glückliche Dirigent – und natürlich frohlockten auch wir.

Um ein für allemal gültige Anhaltspunkte bei Freiluftauftritten von Musikern zu schaffen, schickten wir eine Kapelle in den Windkanal. Das Ergebnis: Bis Windstärke 4 ist jedes Ensemble spielfähig, ab 5 müssen schwere Notenständer zum Einsatz kommen; ab 6 sollte das Musizieren eingestellt werden, da die Bassgeige leicht abhebt.

Großen Erfolg hatten wir mit einer Umfrage unter Männern. Was haben die Herren der Schöpfung in ihren Aktentaschen, ermittelten wir für eine Zuschauerin, die das Ergebnis wahrscheinlich ahnte. Ausgerechnet jene, die wie Diplomaten durch die Straßen schlenderten, schleppten keine Akten, sondern völlig unwichtige Dinge mit sich herum – Haken, Schrauben, alte Zeitungen, leere Taschenlampenbatterien, zerbrochene Zollstöcke und diversen Hausrat. Ein Herr begegnete uns, dessen Tasche völlig leer war. Er kam von der Post und hatte gerade eigene Manuskripte verschickt, u.a. ein Gedicht über das Leben im allgemeinen, wie er sagte. Der Versuch, ihm einige Zeilen zu entlocken, wurde zur Kabarett-Nummer.

Haben Dichter ihre Werke im Kopf oder müssen sie von Zeit zu Zeit nachlesen, was sie geschrieben haben? – Diese

Frage lag in unserer Redaktion schon seit längerem vor, nur hatte niemand gedacht, dass sie eines Tages innerhalb von wenigen Minuten, mitten aus dem Leben gegriffen, ihre Antwort finden würde. „Ungewollt und ohne Makel fällt der Mensch auf diese Welt. Erst macht er Spektakel, bis sie ihm dann doch gefällt." Das war die einzige Zeile, auf die der Dichter kam, der zunächst einmal nachdenklich, später mit großen Gesten, dann wieder in sich zusammengesunken nach den passenden Worten suchte. Wie bemerkte er doch an einer Stelle treffend: „Es ist eben schwer, so ein Werk plötzlich aus der Tiefe hervorzuholen."

Der „Dichter" war möglicherweise der eindrücklichste Zufallstreffer der Sendereihe. In zahlreichen Veranstaltungen nach der Ausstrahlung wurde immer wieder das Einspiel dieses Filmbeitrages gewünscht. Der Dresdner Kabarettist Wolfgang Stumph erklärte ihn zu seinem Lieblings-Außenseiter.

Manche Fragen schoben wir wochenlang vor uns her, ehe die zündende Realisierungs-Idee kam. „Gibt es Leute, die Hieroglyphen lesen können?", war so eine. Im Berliner Bode-Museum fanden wir eine Expertin, die sogar Hieroglyphen schreiben konnte. Mit ihrer Hilfe brachten wir schließlich ein Transparent über dem Eingang des Museums an und fragten alle Vorbeikommenden, ob sie die darauf aufgemalten Schriftzeichen übersetzen könnten. Nach einstündigem Orakeln in einer immer größer werdenden Runde trat plötzlich ein junger Mann nach vorn und sagte zu unserer Verblüffung, wie aus der Pistole geschossen, die Übersetzung: „Jeder jeden Tag mit guter Bilanz." Na also, eine aktuelle Losung der DDR locker an den Mann gebracht, ein hervorragendes Beispiel sozialistischer Unterhaltungskunst.

Gern erinnere ich mich an unseren Besuch in Neuwürschnitz im Herbst 1981, beim VEB Erzgebirgische Festartikel, Hersteller von Pappnasen aller Art und Größenordnungen. Der Betriebsleiter wusste, was er der Sendung schuldig war, und erklärte sich sofort bereit, das Interview mit Pappnase zu geben. Ich folgte seinem Beispiel und entschloss mich, mit der Brillen-Schnauzbart-Kombination aufzutreten. Und als wir uns dann anschauten, wurde mir plötzlich klar, welche Themen ich aufzugreifen hatte: Planschulden, Wettbewerbsinitiativen, Engpässe, Lieferzeiten und Betriebsklima. Ich kann es nur weiterempfehlen. Auch unpopuläre Dinge lassen sich mit Pappnase viel besser besprechen, und die Öffentlichkeit verfolgt z. B. im Fernsehen die Ausführungen weitaus interessierter. Binden Sie einem katastrophal schlechten Redner eine Pappnase um und die Leute werden ihm zuhören.
Am Ende meiner Unterhaltung mit dem erzgebirgischen Festartikelchef fiel mir noch auf, dass seine Pappnase nicht nur von edler Form, sondern auch besonders groß war. Während ich mich mit meiner Korkennase zeigen musste, hatte er sich im Fernsehen mit einer „Westnase" präsentiert, wie er mir gestand. Bei dieser Gelegenheit erfuhr ich, dass

die großen Nasen zu 100 Prozent in den BRD-Export gingen.

In der gleichen Sendung hatte bei unseren Zuschauerfragen der „Außenseiter" A gewonnen: Was kann man mit einem ausgedienten Fernseher machen? – Säckeweise Post erreichte uns mit großartigen Angeboten. Das Innenleben hatten alle Kandidaten auf dem Schrottplatz abgeliefert, nur die Gehäuse waren einem neuen Zweck zugeführt worden. Da die Menschheit auch künftig Fernsehgeräte entsorgen wird, möchte ich wenigstens an drei Varianten erinnern:

Man kann zum Beispiel in das Gehäuse ein Aquarium stellen, das von hinten beleuchtet wird. So entsteht eine Art Bildröhre, über die allerdings nur ein Programm zu empfangen ist.

Sehr geeignet ist so ein alter Fernseher auch als Kaspertheater – da muss nicht viel verändert werden.

Anders sieht es bei der „Kleinkinder-Toilette" aus. Aus der Deckplatte muss ein Oval ausgesägt werden – der spätere Deckel. Unter die entstandene Öffnung stellt man den Topf, der durch eine Schiebevorrichtung, die zum Schutz der Bildröhre an verschiedenen Geräten angebracht ist, unsichtbar gemacht werden kann.

Eine der aufwendigsten Aktionen in der Geschichte von „Außenseiter-Spitzenreiter" war die folgende: Laut Recherche (erstellt über das Komitee für Unterhaltungskunst der DDR) durften 17 Damen und Herren im Lande die Berufsbezeichnung „Humorist" tragen. Wir mühten uns im Verlaufe einer Rundreise, die Herrschaften aufzuspüren, und es gelang uns tatsächlich. Unsere Bitte an jede und jeden war, ein Highlight des eigenen Programms vor unserer Kamera preiszugeben. Leider hatten die wenigsten in der Runde jemals eine Chance bekommen, im DDR-Fernsehen aufzutreten. Deshalb mussten wir den Wortlaut ihrer Vorträge behutsam auswählen, um ihnen die Chancen nicht bis in alle Ewigkeit zu verbauen. Ich möchte mich an dieser Stelle für das große Verständnis bedanken, das die humoristischen Kollegen für uns hatten, und zwar bei Hans Hick, Freddy Acker, Manfred Uhlig, Hans Rohr, Peter Zahl, Detlev Brettschneider, Paul Glagla, Thea Schröder, Klaus Kurth, Peppi Zahl, Beppo Küster, den Oldigs, Colly, Winfried Krause, Eberhard Arnold und Martina Berkholz.

Zu den Wortunterhaltern gehörten natürlich auch die Kabarettisten, die gar nicht oder nur über Umwege zu Fernsehauftritten kamen, weil die Fernsehverantwortlichen bis 1989 ihre frechen Witze wohl für zu gefährlich hielten. Wenn das Kabarett nicht zum Fernsehen darf... geht eben das „Außenseiter"-Fernsehen zum Kabarett.

So klärten wir in der „Distel" eine Frage, die alle Theaterbesucher anging. Welcher Teil der Armlehne gehört mir? – Der linke Nachbar lehnt sich beispielsweise rechts auf, der rechte links... habe ich durchsetzbare Rechte? – Es gibt keine Richtlinien, man muss sich von Fall zu Fall einigen. Und das gelang uns im Januar 1982 mit einem toleranten Publikum im genannten Berliner Kabarett.

Schon lange wollte ich unsere Sendung öffentlich drehen, weil mir bei verschiedenen Veranstaltungen aufgefallen war, dass sich einige Beiträge besser einbetten lassen, wenn die Reaktion des Publikums unmittelbar spürbar ist. Nun war es endlich soweit. Wir schreiben den 29. April 1982, 20.30 Uhr läuft im 1. Programm des DDR-Fernsehens die 56. Folge „Außenseiter-Spitzenreiter", erstmals im neuen Gewande.

Im ersten Beitrag ging es um eine Doppelgängerin des Entertainers und Conférenciers Heinz Quermann. Sie arbeitete in einer Großküche und war uns von den Kolleginnen genannt worden. In einer Bildteilung mit dem echten Quermann konnten sich Gäste und Zuschauer von der erstaunlichen Ähnlichkeit überzeugen.

Wir schalteten um nach Erfurt und erlebten einen Unterwasserläufer. Mit dem Sohn als Gewicht auf den Schultern durchlief er das Bassin, immerhin 100 Meter ohne aufzutauchen.

Für den nächsten Beitrag saß der legendäre Mime des Deutschen Theaters und „Rumpelkammer"-Moderator Willy Schwabe am Mikrofon und sprach Bahnhofsdurchsagen in Berlin-Lichtenberg. Er überzeugte vor Ort und am Bildschirm, dass man Fahrgäste auch freundlich ansprechen kann.

Wir untersuchten einen spektakulären Vorfall in der Volksbildung, der uns von Zuschauern mitgeteilt worden war: Im Geographiebuch für die 6. Klasse sei ein Aktfoto abgedruckt. Unsere Recherchen ergaben, dass das „Magazin" – einzige Zeitschrift der DDR, in der regelmäßig Aktfotos veröffentlicht wurden – in der gleichen Druckerei entstand wie das uns zugeschickte Geografiebuch. Experten vermuteten einen Scherz der Buchbinder. Aber dann verließen wir das Thema auf halbem Wege, denn wir konnten uns leicht ausrechnen, was die „Täterüberführung" eingebracht hätte.

In unserer Sommersendung des Jahres 1982 gingen wir ein Thema an, das uns schon lange am Herzen lag. Wie könnte es gelingen, die als gemächlich geltenden Mecklenburger mehr in unsere Sendung einzubeziehen? Alle Statistiken über Zuschauerpost dieser Zeit belegten: Absolute Schlusslichter waren die damaligen Bezirke Schwerin und Rostock. Dabei verbuchten wir bei Veranstaltungen vor Ort große Erfolge. Ein „Außenseiter-Spitzenreiter"-Abend in Grevesmühlen zum Beispiel zählt noch heute zu den stimmungsvollsten und herzlichsten Begegnungen, die wir je mit unseren Zuschauern hatten.

Also, wir warteten nicht lange vergebens auf Post, sondern fuhren einfach nach Güstrow, die etwa in der Mitte zwischen Rostock und Schwerin gelegene Kreisstadt. Dort ging ich mit Kastagnetten auf Straßenpassanten zu und fragte als erstes, woher sie kämen. Touristen von auswärts schickten wir weiter, aber alle Mecklenburger bekamen die Chance, das Spiel mit den Kastagnetten zu probieren. Schon nach wenigen Minuten hatte sich eine große Zuhörerschar versammelt, die unsere Kandidaten zu Höchstleistungen anspornten. Es wurde Musik eingespielt, und nun bewiesen sie ihr „süüüdländisches" Temperament – die Leute aus dem Norden, die so schwer aus der Reserve zu locken sind. Es wurde nicht nur gespielt, sondern auch getanzt – „Gracias, Senoras y Senores." Ob wir anschließend mehr Post aus dieser Gegend bekamen? – Da bin ich mir trotzdem nicht so sicher.

Mit Hilfe des ungarischen Fernsehens konnten wir endlich vielen Zuschauern einen Wunsch erfüllen. In der Funk- und Fernsehzeitung wurde hin und wieder bekannt gegeben, dass Produktionen des DDR-Fernsehens ins Ausland verkauft und dort synchronisiert werden. So auch Lustspiele der sehr erfolgreichen Abteilung „Heitere Dramatik". Diese Meldungen waren oft Anlass, sich mit folgender Frage an uns zu wenden: Wirken meine Lieblinge in einer anderen

Sprache genauso lustig? – Budapest schickte uns die ungarisch synchronisierte Fassung von „Hahn im Korb" mit Starbesetzung u.a. Helga Hahnemann, Ingeborg Krabbe und Margot Ebert. Ich erinnere mich noch sehr gut, Helga Hahnemann war mit einer so passenden Stimme synchronisiert worden, dass man glaubte, Henne spreche auch ungarisch.

Wenn im DDR-Fernsehen gerade einmal keine Lustspiele übertragen wurden, traf man beim Einschalten mit ziemlicher Gewissheit auf irgendeine Rede. Reden wurden wahrscheinlich noch mehr übertragen als Lustspiele, wobei manche Reden Lustspiele waren. Lange Rede, kurzer Sinn: Wir bekamen eines Tages den Zuschauerauftrag, das schönste Rednerpult der DDR zu ermitteln und festzustellen, ob es für solche Pulte eine TGL (Technische Güte- und Liefervorschriften) gab. – Gab es nicht! Der Phantasie war freier Lauf gelassen.

Auf unserer Rundreise lernten wir wenigsten 50 verschiedene Rednerpultvarianten kennen. Die einfachste Form: das Tischrednerpult – leicht zu transportieren, überall aufzustellen; außerdem das einfache Stehpult mit Ablagemöglichkeit in Bauchhöhe; das Stehpult mit Ablagemöglichkeit in Bauchhöhe und Licht; das Stehpult mit Ablagemöglichkeit in Bauchhöhe, Licht und Wasserglasvertiefung; das Stehpult mit Ablagemöglichkeit in Bauchhöhe, Licht, Wasserglasvertiefung und verstellbarem Tritt; das Stehpult mit Ablagemöglichkeit in Bauchhöhe, Licht, verstellbarem Tritt und eingebautem Mikrofon, ohne Wasserglasvertiefung usw. Das von vielen Rednern und Zuhörern vorgeschlagene Pult in der Stadthalle Neubrandenburg wurde konkurrenzlos zum „Schönsten Rednerpult der DDR" gekürt. Der Redner stieg wie auf eine Kanzel, von der er sitzend oder stehend sprechen konnte. Verschließbare Seitenfächer konnten belegt werden, mehrere elektrische Anschlüsse ermöglichten den Einsatz von Ventilatoren, Kühlaggregaten und Heizkörpern.

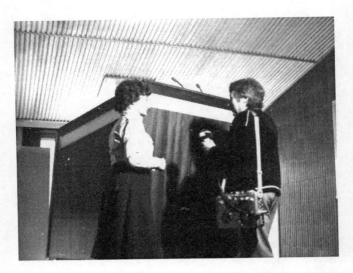

Der Innenraum des Pultes war so groß, dass der Redner nicht gezwungen war, auf einer Stelle zu stehen. Vom Pult konnten bequem zwei Redner zur gleichen Zeit sprechen. Das Licht war über Regler verstellbar und variabel zu benutzen – entweder zur Beleuchtung des Manuskriptes oder bei frei sprechenden Rednern zur Illumination der Figur. Eine kombinierte Variante war ebenfalls möglich. Bekannten Leuten, so erfuhren wir, war es nicht vergönnt, von diesem Rednerpult aus zu sprechen; wahrscheinlich kam in dieser Gegend zu selten hoher Besuch vorbei. Und da sich das einmalige Stück auf Rädern zu jedem beliebigen Platz rollen ließ, hätte man noch in Erfahrung bringen können, ob schon einmal ein Redner langsam aus dem Saal geschoben wurde. Leider haben wir vergessen danach zu fragen.

In einer anderen Angelegenheit mussten wir nicht lange auf Suche gehen, denn der Sieger im Wettbewerb um das älteste Eingeweckte hatte sich mit einer Zuschrift gemeldet: eine Dame in Mukrena konnte ein Glas Birnen vorweisen, das seit 1918 in ihrem Keller stand. Wir hatten vorsorglich einen Lebensmittelchemiker bestellt, denn möglicherweise war die stolze Besitzerin zu einer Verkostung bereit. Ich erwähne die Begebenheit besonders gern, weil die freundliche Rekordinhaberin auf die Frage: „Dürfen wir das Glas öffnen und kosten?", das aussprach, was später 49mal Motto einer zweiten Sendung werden sollte, deren Titel hier seine Geburtsstunde hatte. Sie sagte: „Wennschon, dennschon" – (ab 1983 Sonnabend-Abend-Show mit Alltagsrekorden, die nach der Wende sehr intensiv mit der deutschen Guinness-Buch-Redaktion zusammenarbeitete).

Eine Sendung später mussten wir allerdings auf das älteste Eingeweckte zurückkommen, denn Möhren aus dem Jahre 1914, Pflaumen von 1913 und Blumenkohl aus dem Jahre 1912 wurden nachgereicht.

Den absoluten Renner konnten wir aber im sächsischen Rennersdorf drehen. Was heißt „wir"? Zum ersten Mal bewährten sich Zuschauer an der Kamera. Wir hatten den Hinweis bekommen, dass zwei rüstige Omas aus dem Ort allabendlich mit ihrer Ziege das Fernsehprogramm verfolgen. Und so standen wir dann eines Tages 20.00 Uhr bei dem außergewöhnlichen Zuschauertrio vor der Tür. Für einen Augenblick bekamen wir die beschriebene Situation bestätigt, aber als wir mit der Kamera und zusätzlichem Licht ins Wohnzimmer traten, verließ die Ziege sofort ihren Stammplatz auf der Couch und verschwand im Stall. Das Trio wollte sich gerade den Film „Die 3 Musketiere" anschauen – ein Titel wie auf Bestellung, aber die Ziege war nicht bereit, den Fernsehabend fortzusetzen, und wir wiederum nicht, auf diese einmaligen Bilder zu verzichten und auf die Frage aller Fragen: Über welche Programme meckert die Ziege denn am meisten?

Wir beschlossen endlich, dass die Omas den Film drehen sollten. Der Raum wurde ausgeleuchtet, der Ton installiert und die Kamera auf den Ofen gelegt. Von dort war mit einem Weitwinkelobjektiv der gesamte Raum zu erfassen. Dann wurden die Omas mehrmals eingewiesen, genau so: Hier ist der Schalter für das Licht. Bitte schon vor Beginn des gemeinsamen Fernsehabends einschalten, damit sich die Ziege an die Helligkeit gewöhnt! Hat die Ziege Platz genommen, diesen Schalter für den Ton betätigen und dann an der Kamera auf diesen Knopf drücken. Viel Erfolg! Übermorgen kommen wir wieder.

Unsere ersten Blicke waren zwei Tage später zunächst mit großer Spannung auf Tonbandgerät und Kamera gerichtet. Beide waren gelaufen. Ein paar Stunden später, als der Film entwickelt war, bestätigte sich: Unsere Omas hatten ganze Arbeit geleistet. In froher Runde sahen wir beide mit ihrer Ziege vor dem Fernseher. Über den Bürgermeister wurden sie von ihrem Erfolg telefonisch informiert und noch am gleichen Tag ging ein kleines Honorar für die zwei „Kamerafrauen" auf die Reise. – Übrigens, die Ziege hat beim Fernsehen nie gemeckert.

Während der Drehstab einen Sekretär aufsuchte und die Wasserspiele eines Pumpen- und Spritzensammlers filmte, war man in der Redaktion eifrig dabei, Post auszuwerten. Wir hatten unsere Zuschauer gebeten, uns ihren Geburtstag mitzuteilen, weil wir keine andere Möglichkeit sahen, die uns aufgetragene Frage zu beantworten, an welchem Tag im Jahr die meisten Bürger der DDR Geburtstag haben. Da sich einhunderttausend Menschen aus Spaß an der Freude an dieser bedeutenden Aktion beteiligten, ermittelten wir mit großer statistischer Genauigkeit, dass es der 4. März war. Das soll hier sicherheitshalber festgehalten werden, obwohl ich nicht weiß, wofür es wichtig sein könnte.

Bevor das Jahr 1982 zu Ende ging, war noch eine Sendung geplant – zwei Tage vor Silvester –, so bot sich Gelegenheit, auf eine Frage einzugehen, die schon einige Zeit vorlag: Gibt es eigentlich Freilichtbühnen, die auch im Winter genutzt werden? – Bis zu diesem 29. Dezember 1982 nicht! Im Zittauer Gebirge wurde zur Weihnachtszeit bekannt gemacht, die nächste Sendung „Außenseiter-Spitzenreiter" würde von der Waldbühne Johnsdorf übertragen. Am Sendetag präsentierte sich der Übertragungsort bestens vorbereitet, der Schnee war von den Bänken gefegt, heißer Tee und Glühwein wurden ausgeschenkt und eine warme Wurst konnte man auch erstehen. Schon eine Stunde vor Beginn der Sendung war das weite Rund bis auf den letzten Platz besetzt. Die meisten Besucher hatten sich Decken mitgebracht. Eine ältere Besucherin gestand mir sogar, dass sie sich drei Paar Buchsen – damit sind Schlüpfer gemeint – angezogen hatte.
Auf der Bühne stand eine große Leinwand, auf der unsere Filme gezeigt wurden, die Zwischenmoderationen erfolgten mitten aus dem Publikum.
Alle Beteiligten waren sich am Schluss der Sendung einig: ein gelungener Versuch.

Die 60. „Außenseiter"-Sendung am 24. 2.1983 hatte eine Besonderheit. Die Moderationen kamen aus der „guten

Stube" unserer Zuschauer. Besonderen Dank verdient nachträglich noch der damalige Leiter eines Porzellanladens in der Berliner Karl-Liebknecht-Straße. Da wir in der Sendung einmal zeigen wollten, wie sich der Elefant im Porzellanladen verhält, rückten wir eines Tages für diese Folge mit einer jungen Elefantendame an und baten um Einlass. Ohne bei den HO-Chefs die Genehmigung einzuholen, übernahm er sofort die Verantwortung und vertraute den Worten des Dompteurs vom Zirkus Aeros. Der Versuch konnte stattfinden.

Wie vorausgesagt, trottete der Dickhäuter vorsichtig zwischen den kostbaren Meißner Leuchtern und Kaffeetassen, und nicht ein einziges Mal stockte uns der Atem, weil ein Porzellanteil in Gefahr geriet.

Die Moral von der Geschicht: wenn sich nur alle wie der Elefant im Porzellanladen verhalten würden.

Neben Kaffeekochen gehört die Pflege der Pflanzen zu den Lieblingsbeschäftigungen vieler Büroangestellter. Wohl deshalb hatte unsere Suchmeldung nach der größten Büropflanze 1983 ein so großes Echo.

An zwei Pflanzen möchte ich erinnern: Der größte Gummibaum wurde in einem Dresdner Architekturbüro gezüchtet. Eine „tragische" Angelegenheit für den Chef der Abteilung. In seinem Arbeitszimmer stand zwar der Pflanzentopf, der jeden Tag gewässert wurde, allerdings nur mit fünf Meter langem Stamm ohne Blätter. Der Baum führte waagerecht durch ein Loch in der Wand zum Vorzimmer – auch dort nur Stamm, keine Blätter. Erst drei Zimmer weiter konnte man die Ergebnisse der regelmäßigen Pflege der Pflanze bewundern. Eine üppige Vegetation mit über 50 satten grünen Blättern und zwei Angestellten, die an ihrem Schreibtisch fast darin versanken.

Aus einem anderen Dresdner Büro wurde uns ein Riesen-Kaktus gemeldet. Unser Eintreffen löste beim Werkschutz große Freude aus; ohne Passierschein wurden wir sofort zum Standort des Kaktus geführt, und schon auf dem Weg erzählte man uns die Geschichte der Pflanze. Das Wunder der Natur filmten wir von allen Seiten. Auf die Schreibtische wurden Leitern gestellt, damit man auch von oben zeigen konnte, wie klein der Mensch neben diesem Riesengewächs wirkte.

Als wir alles im „Kasten" hatten, verabschiedeten wir uns, nannten noch den voraussichtlichen Sendetermin, passierten wieder den Werkschutz, der uns freundlich verabschiedete und unseren Dank entgegennahm, weil alles so schnell und komplikationslos gegangen war. Bis zum Sendetag schauten sich ca. 20 uns unbekannte Personen den Film vom Riesenkaktus an, um schließlich endgültig seine Ausstrahlung zu genehmigen. Uns war es unwissentlich gelungen, ohne entsprechende Papiere in eine streng geheime Einrichtung einzudringen. Wir entschuldigten uns dafür nicht, denn wer anderes sollte uns diese Information übermittelt haben als einer, der Zugang zu dieser Einrichtung hatte. So geheim konnte sie nicht gewesen sein!

Nicht einmal prominenten Pianisten war eine Begebenheit bekannt, die sich zwischen Mozart und Haydn zugetragen haben soll. Letzterer machte sich über ein Klavierstück von Mozart lustig und behauptete, dass er es schon vom Zuhören auswendig vortragen könnte. Der verärgerte Mozart entgegnete, schon ein fehlerloser Vortrag mit Noten wäre eine beachtenswerte Leistung. Er fügte dem Stück heimlich schnell noch an einer bestimmten Stelle eine zusätzliche Note hinzu, dann konnte Haydn mit dem Spiel beginnen. Erstaunlich gut, ohne Fehler – bis zur bewussten Stelle. Dort angelangt, brach Haydn das Spiel ab, zerriss die Noten und warf sie Mozart vor die Füße mit der Bemerkung: „Unspielbar." Daraufhin setzte sich Mozart ans Klavier und zeigte Haydn, mit welcher Technik die Stelle zu meistern ist.
Zu unseren vergnüglichsten Aufgaben gehörte es nun, die Pianisten Dieter Zechlin, Peter Rösel und Siegfried Stöckigt in die gleiche Situation zu bringen. Wir legten den Herren Noten vor und baten sie darum, das Stück vom Blatt zu spielen. Es gelang dreimal sehr gut, bis eben an die bewusste Stelle, die von uns eingebaut worden war. Zechlin bemerkte ebenfalls – „unspielbar", Stöckigt wollte locker darüber hinweghuschen, Rösel jedoch kam bald auf die Gemeinheit, die sich Mozart ausgedacht hatte. Nur mit der Nase war der Ton an dieser Stelle zu treffen. Der komplette Vortrag des Stückes wurde zum Riesenspaß, und besonders

die Geschicklichkeit von Dieter Zechlin begeisterte. Viele Zuschauer wünschten sich nach dem Einsatz seiner markanten Nase weitere Stücke in dieser Interpretationsform von ihm.

Nach dem Versuch, den Minutenwalzer von Chopin in sechzig Sekunden zu spielen, war dies der zweite große Auftritt dieser drei Pianisten bei „Außenseiter-Spitzenreiter."

Sein Debüt hingegen gab bei uns in dieser Zeit der einzige Torero der DDR. Er wohnte in Tambach-Dietharz im Thüringer Wald, wo wir ihn überraschten. Nachdem er erläutert hatte, dass seine Kämpfe stets unblutig ausgehen und sein Stier eigentlich ein Ochse ist, außerdem nicht das rote Tuch, sondern das Wackeln des Tuches die Tiere angriffslustig macht, legte er seine stilechte Kleidung an und bereitete sich bei Musik aus „Carmen" auf den Kampf vor. Hätte man an der Kopfbedeckung keine künstlichen schwarzen Haare angebracht, die, in die Stirn gekämmt, unserem Torero den letzten Pfiff geben sollten, wäre man niemals in Versuchung gekommen, diese Szene zu belächeln.

Dann öffnete sich die Stalltür. Begleitet von zwei Reitern, traten der Torero und der braun gefleckte Ochse in die Arena. Das Spiel konnte beginnen. Es wurde weder Spiel noch Kampf, aber es gelang unserem Torero immerhin, den Ochsen so zu reizen, dass er in Angriffsposition ging. Glücklicherweise, muss man sagen, verwechselte der Ochse an einer Stelle den Torero mit unserem Kameramann, der mit eingeschalteter Kamera die Flucht ergriff und somit den Zuschauern ein zusätzliches Vergnügen bereitete. „Höhepunkt" des Kampfes war der Schluss. Für seine Angriffsfreudigkeit wurde der Ochse belohnt und durfte sich aus dem Mund des Toreros eine Scheibe Brot nehmen. Mahlzeit.

Vielleicht erinnern Sie sich noch an eine Runde mit den Oberliga-Fußballschiedsrichtern. Sie reisten nicht nur als Pfeifenmänner einzeln durch die Gegend, sondern ab und an auch gemeinsam, als Mannschaft gewissermaßen, weil alle von Zeit zu Zeit selbst gegen den Ball treten wollten. Die Schiedsrichter-Auswahl war überall ein gern gesehener

Gast. Wir erfuhren von einem Spieltermin in Frauendorf bei Ortrand anlässlich eines Feuerwehrjubiläums. Da hatten wir sie alle an einem Ort – die Herren Prokop, Roßner, Stenzel, Supp und wie sie alle hießen. Und was galt es zu klären? – Welcher Schiedsrichter kann die geforderten 9,15m Abstand von der Abwehrmauer zum Ball bei Freistößen einigermaßen genau abschreiten?

Zwölf Schiedsrichter stellten sich am Mittelkreis auf und schritten nach dem Kommando los. Herr Stumpf aus Jena schaffte das beste Ergebnis – 9,11m. Herr Prokop aus Weimar hatte sich wahrscheinlich verzählt und war bei 10,50m angelangt. Alle anderen lagen dazwischen. Der heutige Bundesligaschiedsrichter Bernd Heynemann – damals am Beginn seiner Karriere – kam auf 9,99m.

Auch in einem heute weniger bekannten Stadion an der Bärnsdorfer Straße in Dresden-Neustadt gab es einen Höhepunkt, denn dort fanden oft Windhundrennen statt. Die Besitzer der Rennhunde, so sagte man, müssten mit noch mehr Fingerspitzengefühl behandelt werden als die Tiere. Wir ließen uns nicht beirren und gingen mit unserer lustigen Frage direkt auf die Damen und Herren zu. Wie schnell sind Besitzer von Windhunden? Große Heiterkeit in den Rennställen und geschlossene Bereitschaft, an einem entsprechenden Test teilzunehmen. Schon in der ersten Rennpause konnte der Stadionsprecher verkünden, dass gleich 23 Besitzer von Windhunden für „Außenseiter-Spitzenreiter" eine Runde drehen würden. Als Gag wurde wie bei den Hunderennen vor dem Feld der „falsche Hase" an der Leine festgemacht, und dann ging es los. Unter dem Jubel von 3.000 Zuschauern jagten die Windhundbesitzer dem Köder hinterher. Alle schafften in bemerkenswertem Tempo eine Runde und erreichten das Ziel. Anschließend gab es eine richtige Siegerehrung mit Treppchen und Geschenken für Platz 1, 2 und 3. Was wurde überreicht? – Natürlich Hundekuchen.

Ich glaube, Hirn hieß der Lehrer, der sich als einer der wenigen Vertreter dieser Berufsgruppe bei uns meldete. Er sammelte seit Jahren Entschuldigungszettel und war fest davon überzeugt, dass sie veröffentlicht werden müssten, weil schon einige – in manch fröhlicher Runde vorgetragen – große Heiterkeit ausgelöst hatten. Um die besten Stellen aufschreiben zu können, habe ich mir den kleinen Film noch einmal angeschaut:

- Ich bitte, das Zuspätkommen meines Sohnes Joachim zu entschuldigen. Meine Frau hat ihn in der Annahme, dass es Sonntag sei, nicht geweckt.
- Bei Karl ging gestern wieder einmal ein tüchtiger Durchfall los. Ich ließ ihn deshalb nicht in die Schule. Falls er heute mal raus muss, würden Sie ihn bitte gehen lassen?
- Hiermit möchte ich meine Tochter Silvia für Donnerstag, den 22. 10. entschuldigen. Sie sind sich beide fehlgegangen. Silvia ist vorn runter und Sie mit der Klasse hinten hoch.

Seit einiger Zeit fehle der Sendung ein Markenzeichen, stellten Zuschauer Mitte der 80er Jahre wiederholt fest. Gemeint waren die Beiträge vom FKK-Strand. Das damalige Tankstellenpersonal der Raststätte Freienhufen z.B. schwärmte noch Tage nach einer solchen Sendung und begrüßte uns besonders herzlich und lautstark. Fehlten die Nackten, wurden schon Stimmen laut wie „Euch fällt wohl nichts mehr ein."

Endlich fanden wir wieder einen Anknüpfungspunkt. Eine Frage aus Schleiz war eingetroffen mit folgendem Wortlaut: Wie würden Sie reagieren, wenn Sie auf einer Parkbank ein Schild vorfinden mit der Aufschrift „Belegt bis 31. Oktober 1984 – Otto Meyer?" – Sie würden sich trotzdem hinsetzen. An der Ostsee aber hatte sich in den letzten Jahren immer mehr eingebürgert, dort, wo man Strandburgen bauen durfte, solche Schilder anzubringen. Wie ist die rechtliche Lage?

Da war doch wieder Land in Sicht! Umfrage am FKK, wo die meisten Burgen stehen, anschließend ein Advokat im Adamskostüm mit der Antwort. Damals lautete sie: Solange der Bürger die Strandburg nutzt, ist er rechtmäßiger Besitzer nach § 33, Abs. 3, ZGB (Zivilgesetzbuch), denn der Bürger kann nach § 6, Abs. 2, ZGB sozialistisches Eigentum nutzen.

Unser Recht orientiert außerdem darauf, dass unsere Bürger sozialistisch zusammenleben, dass sie gegenseitig Rücksicht nehmen. Gewohnheitsrecht gibt es im sozialistischen Recht nicht. Das sozialistische Recht verlangt, dass ich die Arbeit des anderen respektiere. Zu einem Prozess kann es nicht kommen, denn einen Rechtsschutz im Sinne des § 16 ZGB gibt es nicht. Wenn es zu keiner Einigung kommt, kann nur das zuständige Staatsorgan, der Rat der Gemeinde, in Anspruch genommen werden.

Spätestens an dieser Stelle verdient sich Hans-Joachim Wolle, der viele Jahre Reporter dieser Sendung war, ein großes Lob. In Stubbenfelde auf Usedom war er Stammgast am FKK-Strand. Wenn er dort ohne Drehstab auftauchte, waren die Leute enttäuscht. Wenn die Kamera lief, war er sofort von seinen Fans umringt und konnte seine Anliegen vortragen. Tabus gab es keine. Wolle war einer von ihnen, zu ihm hatten sie Vertrauen.

Dank also dem 1,80 m großen Mann mit dem Tonbandgerät über der Schulter für viele FKK-Beiträge.

Eins konnte er nicht verhindern: dass seine Körperpartien dem Fernsehvolk bekannt waren. Ich habe bei einer Umfrage im Tierpark erlebt, dass eine Frau den Reporter Wolle nicht erkannte. Erst als sie mich im Hintergrund entdeckte, sagte sie scherzhaft zu Wolle: „Ja, hätten Sie mich nackt angesprochen, hätte ich Sie sofort erkannt."

Ein Sammler von deformierten Streichhölzern meldete sich. Wir konnten einzigartige Exemplare aus der Produktion der Riesaer Zündholzfabrik zeigen. Die „Kostbarkeiten" waren mit lateinischen Namen versehen und wurden nach der Sendung von zahlreichen Ausstellungen angefordert.

In Rohne hatte sich eine Henne entschlossen, ihre Eier fortan in die Ehebetten ihrer Besitzer zu legen.

Ein Geflügelzüchter in Mehringen hingegen gab endgültig die Hoffnung auf, dass Hühner im Straßenverkehr lernfähig sind. Deshalb baute er vom Hühnerstall zum Freigehege unter der Straße einen acht Meter langen Tunnel. Nach kurzer Zeit hatten die Tiere den neuen, absolut sicheren Weg akzeptiert. Dem Züchter waren bis dahin jährlich durchschnittlich 10 Hühner überfahren worden.

In Hundeluft fand, von uns organisiert, das erste Treffen der Hunde-Promenadenmischungen statt, während an der Humboldt-Universität zu Berlin, Sektion Biologie, Bereich Verhaltenswissenschaften, fieberhaft an einem Experiment gearbeitet wurde. Es war längst fällig, einmal zu klären, wie eine Fliege an der Zimmerdecke landet. – Noch rechtzeitig vor unserer Oktobersendung 1984 erreichte uns das Gutachten. Zu unserer großen Überraschung hatten die Wissenschaftler so lange gebastelt, bis auch Filmaufnahmen beim Versuch gemacht werden konnten. Mit der Zeitlupe war es möglich, Millionen Zuschauern am Bildschirm zu zeigen, wie die Fliege das Kunststück fertig brachte.

Prof. Dr. sc. Hans-Georg Herbst, Professor für Zoologie an der Humboldt-Universität Berlin, hatte vor dem Versuch ca. 50 Fliegen von Studenten und Assistenten fangen lassen. Der Text seines Bulletins lautete: „Die Fliegen peilen das Ziel, an dem sie landen wollen, an, kommen von unten heran und strecken die Vorderbeine vor. So kommen sie mit den Vorderbeinen zuerst auf die Landefläche und greifen dann nach. Durch den Schwung, mit dem sie angeflogen kommen, kippen sie in die Horizontale und sitzen dann also an der Decke. Sobald ein Flugobjekt mit den Beinen Kontakt zum Untergrund bekommt, wird die Flügelbewegung eingestellt. Das ist ein Reflex."

Neben solchen Großereignissen ließ sich Alltagskost sehr gut weiterreichen.

Da heiratete ein Herr Guth eine Frau Böse. Wir ermittelten, welche Gaststätte „Schöne Aussicht" wirklich die schönste Aussicht hat. Zur Selbstanzeige brachte sich der Kraftfahrer Adolf Babucke aus Potsdam in der Zeitschrift „Der deutsche Straßenverkehr" mit seiner Frage: „Wer ist der älteste Kraftfahrer der DDR?" Wir forschten nach – er war es, damals 87jährig. Seine Fahrerlaubnis war begrenzt auf das Befahren des Stadtgebietes Potsdam am Tage. Ich saß während einer Stadtrundfahrt neben ihm und konnte seinen atemberaubenden Fahrstil bewundern. Er starb fünf Jahre nach seinem Fernsehauftritt eines natürlichen Todes.

Furore machte auch ein Buchhalter a.D. Seit er Geld verdiente, notierte er alle seine Ausgaben und konnte genauestens belegen, wofür er in seinem Leben wie viel Geld ausgegeben hatte: Johannes Höfer aus Oßling veröffentlichte seine Bilanz, die er zwischen 1950 und 1985, also in 35 Jahren, aufgestellt hat. Hier einige Posten:

Frisör	588,40 Mark
Briefmarken	1.512,00 Mark
Sondermarken	996,45 Mark
Eintrittskarten (Theater, Museen)	1.514,00 Mark
Parkgebühren	244,60 Mark
Strafzettel	35,00 Mark
Bücher	17.445,00 Mark
Trinkgelder	3.115,00 Mark
gefunden	3,89 Mark
Toilettengebühren	7,80 Mark

Buchungszeit für alle Vorgänge: 230 Arbeitstage, also ca. ein Arbeitsjahr.

Inzwischen konnte man in der DDR in verschiedenen Gaststätten asiatisch essen. Ich habe es selten erlebt, dass sich die einheimischen Gäste von vornherein Messer und Gabel bringen ließen. Die übergroße Mehrheit verlangte Stäbchen – wennschon, dennschon. Mit Beharrlichkeit und Ausdauer versuchten sie die Esstechnik mit diesen Stäbchen zu meistern. Manche kämpften noch mit dem letzten Stück Paprikaschote, als die anderen schon lange das Essen beendet hatten und der Reis längst kalt war. Im Zeichen solcher Erlebnisse widmeten wir uns der Frage, ab welchem Alter japanische Kinder mit Stäbchen essen lernen. – Ich wählte japanische Kinder aus, weil ich den japanischen Kultur-Attaché in der DDR kennen gelernt hatte, als er mit seinen sehr niedlichen Kindern – 3 und 4 Jahre – im Restaurant „Jade" im Berliner Palast-Hotel speiste. Beide Kinder beherrschten die Stäbchentechnik souverän, und ich erinnere mich nicht, jemals Kinder in diesem Alter beobachtet zu haben, die ähnlich perfekt mit Messer und Gabel aßen.

Die Lachnummer aber wurde der Besuch in einem Berliner Kindergarten. Auf dem Speiseplan des Tages stand Reis mit Gulasch. Schon vormittags wurde in der kleinen Gruppe bekannt gegeben, dass nachher alle mit Stäbchen essen durften. Zunächst großes Hallo, dann Tränen. Es ist nicht zu beschreiben, mit welcher Hingabe die Kinder um jedes Korn Reis, um jedes Stück Fleisch kämpften. Nach zehn Minuten aßen fast alle mit den Händen. Die befleckten Servietten und Tischdecken verwandelten die Tafel in ein Schlachtfeld.

Etwas Gutes sprang dabei für mich heraus: Meine heute 23 Jahre alte Tochter Katja beherrscht seit dieser Zeit die Stäbchentechnik perfekt. Sie war damals in der besuchten Kindergartengruppe und fortan vom Ehrgeiz gepackt. Täglich trainierte sie mit Stäbchen und erhielt für ihren Essstil in zahlreichen asiatischen Restaurants schon viel Lob von den Kellnern.

Wir erreichten wieder eine runde Zahl – die 70. Sendung. Bis heute hat sich bei uns die Meinung gehalten, dass unsere Zuschauer an einem solchen Tag nichts anderes von uns erwarten als eine gute Sendung. Zu einer kleinen Besonderheit haben wir uns trotzdem von Zeit zu Zeit hinreißen lassen, so auch diesmal. Die Begrüßung zur 70. Folge fand am Fuße des Berliner Fernseh-UKW-Turms statt, die Verabschiedung auf der Aussichtsplattform des Turmes. Im Verlaufe der Sendung meldete ich mich von unterwegs, denn ich hatte mir vorgenommen, den Fernsehturm über die Stahltreppe im Inneren des Schachtes zu besteigen. Ich konzentrierte mich auf das Zählen der Stufen und konnte so oben verkünden, dass ich 966 Stufen bewältigt und als erster seit Fertigstellung des Turmes 1969 die Treppe durchgängig benutzt hatte, denn meine Angaben deckten sich mit denen des Bauplanes. Fairerweise muss ich hinzufügen, dass mich der damalige Leiter des Fernsehturms, Herr Schiller, bei meinem Aufstieg begleitete.

Beide waren wir uns oben einig, dass der Personenaufzug eine gute Erfindung war, besonders der im Berliner Fernsehturm mit einer Reisegeschwindigkeit von sechs Metern in der Sekunde.

Das ganze Unternehmen hatte sich auch insofern gelohnt, weil mich im Turmcafé der Weltraumexperte Prof. Möhlmann erwartete, um ein Untersuchungsergebnis mitzuteilen. Nach 76 Jahren gelangte der Halleysche Komet wieder in Erdnähe und eine Zuschauerin hatte uns ein Röhrchen zugeschickt, mit dem ihr Vater 1910, als der Komet zuletzt an der Erde vorbeiraste, den vom Himmel gefallenen Staub eingefangen hatte. Prof. Möhlmanns Ergebnis:

Im Glas befinden sich Natriumcarbonatkristallide und Natriumsulfatkristallide. Diese stammen aber nicht vom Kometen Halley, da sich die Erde und der Komet am 19. 5.1910 nicht getroffen haben. Die Kristallide stammen aus der feuchten Luft, die der Vater der Zuschauerin im Röhrchen eingefangen hatte, als er es unter dem vermeintlichen Kometen hin und her schwenkte.

Bevor ich mich einer Sendung widme, an die sich heute noch Köche in ganz Deutschland erinnern, will ich von einer Anlage berichten, die der Sicherung eines Grundstückes in Graal-Müritz diente. Den Besitzern eines Einfamilienhauses dort gehörte ein Bernhardinerhund, der in die Jahre gekommen war und dessen Gehör beträchtlich nachgelassen hatte. In jungen Jahren war er als aufmerksamer Wachhund Tag und Nacht auf den Beinen. Selbst wenn er sich ausruhte, reagierte er auf jedes Geräusch. Nun allerdings nicht mehr. Der Herr des Hauses fand eine Lösung. Er konstruierte die Bernhardiner-Weck-Anlage. Wenn jemand die Gartentür öffnete, wurde ein Seil, das über mehrere Rollen bis zur Hundehütte hinter dem Wohnhaus lief, in Bewegung gesetzt und löste dort einen Mühlstein, der auf ein Blech fiel. Diesen Aufprall hörte der Hund, der dann bellend zur Tür lief und den Eindringling vertrieb – eine der genialsten Erfindungen, die wir vorstellen konnten.

Im Juli 1985 hatten wir in einem Aufruf gefragt: Wer macht den besten Kartoffelsalat? Und im Oktober versammelten sich unter der Schirmherrschaft der Sächsischen Zeitung auf der Prager Straße in Dresden Abordnungen aus allen Teilen der DDR. Im Restaurant International bereiteten sie nach unterschiedlichen Rezepten ihre Salate zu, um sie im Verlaufe der Sendung Meisterköchen der Elbestadt zur Bewertung vorzustellen. Es war ein großes Fest mit über 200 Teilnehmern und zirka 5000 Besuchern. Immer wieder staunten die Profis über den Einfallsreichtum der Kartoffelsalatexperten. Den Vogel schoss eine junge Frau aus Bad Liebenwerda ab, die nach den Besonderheiten ihres Salats gefragt wurde. „Ohne Kartoffeln", lautete die überraschende Antwort. Mit etwas Lokalpatriotismus ging der 1. Preis nach Dresden, der 2. nach Leipzig und der 3. nach Suhl.

Viele Beiträge der Sendung sind damals wegen des allgemeinen Kartoffelsalattrubels etwas untergegangen, nur einer nicht: der frei schwebende Zella-Mehliser Wasserhahn, aus dem Wasser floss. In zahlreichen Zuschriften wurden wir gebeten, das Geheimnis preiszugeben. Wir haben es damals nicht getan, um der thüringischen Stadt ihre kleine Attraktion zu erhalten. Inzwischen ist viel Wasser durch den Hahn geflossen, und man kann nun erzählen, wie das Wunder zustande kam. Der Wasserhahn hängt tatsächlich an zwei Drähten in der Luft. Vom Boden wird ihm über ein Glasrohr Wasser zugeführt, das außen am Rohr wieder nach unten fließt. Da das herabfließende Wasser das Glasrohr nach allen Seiten abdeckt, ist der Schwindel nicht zu bemerken.

Ohne Schummeln verlief unterdessen ein Rekordversuch in der Potsdamer Armeesporthalle. Speerwurf-Weltrekordler Uwe Hohn wollte eine Bestleistung auch im Streichholz-Weitwurf aufstellen. Beim dritten Versuch erreichte er vor laufenden Kameras 34 m. Dabei benutzte er die gleiche Technik im Bewegungsablauf wie beim Speerwurf. Das

„Gerät" musste in einer angeschrägten Lage ein Luftpolster bekommen, um so weit fliegen zu können.

Vornehmlich auf internationaler Ebene ging es mit dem Fußball hierzulande nicht so recht voran. Dann konnte man oft lesen, alles müsste ganz anders gemacht werden. Also gingen wir mit gutem Beispiel voran und ermittelten mit Hilfe der Bezirks- und Kreisfachausschüsse den Eigentor-Schützenkönig der DDR. Die Recherchen zogen sich über drei Monate hin, was aber den Vorteil hatte, dass der ermittelte Spitzenreiter einen gesicherten Vorsprung besaß; niemand hätte ihn innerhalb weniger Spieltage von seiner Position verdrängen können. Er hatte in der Saison 1985/86 bereits 19 Eigentore geschossen. Warum er bei diesen Qualitäten nicht im Sturm eingesetzt wurde, begründete der sympathische Sportsmann mit der Tatsache, dass er mit seinem Einsatz als Abwehrspieler in besagter Saison wenigstens 30 todsichere Gegentore verhindert hätte. Leider erzählte er mir erst nach der Sendung, dass der Torwart die eigentliche Niete in der Mannschaft sei. Wenn der bereits geschlagen war, versuchte unser Kandidat meist nur noch etwas zu retten, und oft sprang dann der Ball bei diesen Aktionen ins eigene Tor.

Ab und an schrieben uns Zuschauer, dass unsere Sendung sehr lehrreich sei. Sicher verdanken wir das auch solchen Exkursionen, von denen mir eine besonders in Erinnerung geblieben ist. Sie führte uns nach Weimar ins Goethe-Schiller-Archiv. Dort ließen wir uns die in originaler Handschrift vorliegende Stelle aus dem 3. Akt des „Götz von Berlichingen" zeigen, und siehe da, der Herr Geheimrat hatte ganz anders formuliert, als allgemein bekannt war, nicht „Er kann mich am...", sondern „Er kann mich mal im Arsche lecken", war dort zu lesen. Leider hatte ich seitdem keine Gelegenheit, an irgendeinem Theater eine „Götz"-Inszenierung anzuschauen. Es wäre interessant zu wissen, ob unsere Erkenntnisse inzwischen berücksichtigt wurden.

Gehobenen Ansprüchen wurden wir gerecht, als wir Damen und Herren präsentieren konnten, die dargestellten Personen auf den Gemälden Alter Meister ähnlich sehen. Mit Hilfe der Werkstätten der Dresdner Staatstheater wurden sie entsprechend eingekleidet und einem staunenden Publikum im Gobelinsaal der Dresdner Gemäldegalerie präsentiert.

Ganz andere Wünsche bedienten wir mit einer Fahndung, die bei uns unter dem Titel „Bettentest" lief. Schon lange hatte sich abgezeichnet, das wir dazu etwas machen mussten. Immer mehr FDGB-Urlauber, also Werktätige, die einen Ferienplatz von der Gewerkschaft bekommen hatten, beklagten sich über den Zustand der Betten in den Ferienheimen. Es gab offenbar kaum noch ein Bett, dass nicht quietschte. Also, liebe Zuschauer, welches Ferienbett quietscht am schönsten?

Wir bekamen Hunderte Hinweise, erhielten Tonbandkassetten und konnten unter großer Anteilnahme der Bevölkerung am 18. Dezember 1986 im Ferienheim „Frankenwald" in Wurzbach das Siegerbett vorstellen. Wenn man sich in das Bett legte, knallten als erstes mehrere Federn gegen die Metalleinfassung. Durch den Aufprall wurden mehrere, lang anhaltende Töne hörbar, die in der Tonart zusammenpassten. Kam man auf die Idee, sich auszustrecken und das Körpergewicht gleichmäßig zu verteilen, konnte man weitere musikalische Effekte auslösen, die eine absolute Steigerung brachten. Selbst wenn man ganz still lag, quietschte es irgendwo. Als wir den einzigen zur Zeit praktikablen Ausweg empfahlen, sich auf die Matratzen neben das Bett zu legen, geschah das Unglaubliche: das leere Bett gab auch ohne Berührung Töne von sich. Es wurde noch am gleichen Tag vom Heimleiter gegen ein etwas weniger quietschendes Bett ausgetauscht. Leider ist mir zu spät eingefallen: Wir hätten noch fragen sollen, ob schon einmal Jungverliebte in dieses Zimmer gelangt sind und wenn ja, ob sie laut protestierend ein neues verlangt haben oder sogar abgereist sind.

Wir hatten schon lange die Erfahrung gemacht, dass die Zuschauerreaktionen zu negativen Angelegenheiten weitaus heftiger waren als zu positiven. So hatten wir keine Sorgen, dass die Frage nach dem Theaterplatz mit der schlechtesten Sicht ohne Resonanz bleiben könnte. Natürlich gab es den Platz hinter der Säule, den Platz im Rang, von dem man nur den hinteren Teil der Bühne einsehen konnte. Die schlechteste Sicht aber hatte man von den sogenannten „Hörplätzen" im 4. Rang der gerade im neuen Glanz wiedererstandenen Semper-Oper in Dresden. Wenn alles ausverkauft war, boten diese Plätze die letzte Chance für Opern-Fans, die besondere Premiere oder den Auftritt eines Stargastes wenigstens akustisch original mitzuerleben. In der Praxis wurden freilich die Zuhörer schon kurz nach der Ouvertüre zu Zuschauern; sie krochen von ihren Hörplätzen in die Gänge des 4. Ranges und setzten sich dort auf die Stufen. Daran wird sich bis heute nichts geändert haben.

Am Abend, als wir unsere Kamera in der Semper-Oper aufgebaut hatten, stand Rossinis „Barbier von Sevilla" auf dem Programm. Das Ensemble war informiert, dass wir uns den „Hörplatz" Gästen widmen wollten, und hatte sich eine Überraschung ausgedacht. Nach der Vorstellung begaben sich Rosina, Graf Almaviva, Don Bartolo und Don Basilio persönlich in Maske und Kostüm in den 4. Rang. Wer keinen Treppenplatz erwischt und tatsächlich nur zugehört hatte, konnte so wenigstens einmal seine Lieblinge aus der Nähe betrachten.

An dieser Stelle möchte ich gern einfügen, dass die Fernsehsendezeiten in den 30 „Außenseiter-Spitzenreiter"-Jahren unterschiedlich lang waren. Zwischen 30 und 60 Minuten wurden uns entsprechend der jeweils aktuellen Sendepläne eingeräumt. Deshalb ergibt sich keine glatte Rechnung, wenn man die Anzahl der Beiträge ermitteln will, die wir gesendet haben. Es waren knapp 2000, und ich bin sicher, dass schon jetzt hin und wieder ein verehrter Leser enttäuscht ist, weil in der Chronologie dieses Rückblicks ausgerechnet seine Geschichte fehlt. Zum Thema Klassentreffen traf in regelmäßigen Abständen Post bei uns ein. Leider konnten wir nicht bei allen dabei sein. 1987 allerdings erfuhren wir von einem Termin, den wir keinesfalls auslassen durften. 18 Schülerinnen einer Mädchenklasse des Jahrgangs 1912 trafen sich in Weixdorf bei Dresden. Höhepunkt des Beisammenseins war das Eintreffen des Klassenlehrers, der wenige Tage zuvor seinen 100. Geburtstag gefeiert hatte. Obwohl sich Lehrer und Schülerinnen viele Jahre nicht begegnet waren, erinnerte sich der Lehrer noch an die Vornamen seiner Mädchen und wusste genau, welcher er einst gute oder schlechte Noten gegeben hatte. Lieblingsschülerinnen waren zu keiner Zeit ein Thema für ihn. Umgekehrt war das schon anders. Zwölf der anwesenden ehemaligen Schülerinnen gaben zu, dass sie irgendwann in ihren Klassenlehrer verknallt waren.

Noch im gleichen Monat konnten wir eine einmalige Sauna-Anlage zeigen, aufgenommen im sächsischen Langenberg. Sie war in einen alten Kleiderschrank eingebaut worden, der im Keller stand, und bot zwei erwachsenen Personen Platz. Allerdings saßen die beiden nicht etwa nebeneinander oder sich gegenüber, sondern Rücken an Rücken auf zwei Holzstühlen. Die Wärmespender bestanden aus zwei Lufterhitzern, die der Erfinder auf der Seite der Wäschefächer übereinander montiert hatte. Nach einem nicht durchschaubaren System waren an verschiedenen Stellen des Schrankes Löcher ausgesägt worden, die eine ausgezeichnete Sauerstoffzirkulation gewährleisteten.

Oh, ja! Sie geben unseren Sendungen immer eine besondere Würze; diese Episoden von Tüftlern und Improvisationskünstlern aus dem DDR-Alltag! Wenn man schon keine Sauna-Anlage kaufen konnte oder keinen entsprechenden Stromanschluss genehmigt bekam, dann half eben nur noch eine zündende Idee. Und die brauchten die Menschen hierzulande Tag für Tag.

Dass wir von solchen Begebenheiten erfuhren, lag einfach daran, dass „Außenseiter-Spitzenreiter" inzwischen wohl die bekannteste Meldestelle für Individualisten war. Beispielsweise bekamen wir aus dem Vogtland die Nachricht, dass ein junger Ingenieur eine ferngesteuerte Anlage für herkömmliche Zentralheizungen auf Braunkohlenbasis entwickelt hatte. Um die gewünschte Zimmertemperatur von 22,5° C in seinem Einfamilienhaus gleichbleibend zu gewährleisten, ereignete sich mehrmals am Tage automatisch folgender Vorgang:

Wie von Geisterhand öffnete sich plötzlich die Tür des Heizungskessels. Eine breite Ofenkratze setzte sich in Bewegung und reinigte den Rost. Dann wurde der volle Aschekasten auf Schienen aus dem Ofen gezogen und über einer Tonne entleert. Aus einem Trichter fiel schließlich eine vorgegebene Menge Briketts in einen Blechbehälter und von dort, ebenfalls über eine Schiene befördert, in den Heizungskessel. Anschließend schloss sich die Ofentür wieder. Der Blechbehälter fuhr auf seinen Ausgangspunkt zurück, und an der Kellertür verlosch das Warnschild mit der Aufschrift „Achtung! Heizvorgang läuft!"

Vielleicht ist der Heizungsspezialist auch mit dem Kabelsammler bekannt geworden, der in der gleichen Sendung vorgestellt wurde. Der gelernte Elektriker erfreute sich besonders am Querschnitt der einzelnen Kabel, der ein wenig wie eine zerschnittene Fleischwurst aussah; aber die Muster waren natürlich viel filigraner. Ein echter Außenseiter mit einem außergewöhnlichen Hobby.

Einem solchen frönte seit frühester Kindheit auch eine gewisse Frau Spottog aus Freckleben: dem Stelzenlaufen. Ihre Kinder ließen ihr zum 80. Geburtstag ein Paar neue Stelzen anfertigen. Wir erfuhren davon und besuchten die Jubilarin. Plötzlich und überraschend am Drehort aufzutauchen, war schon lange ein Markenzeichen unserer Sendung, und häufig brachte es uns auch den meisten Spaß; so auch in diesem Fall. Es passierte alles, was man sich nur wünschen konnte. Die Dame erkannte uns nicht, gewährte keinen Einlass, glaubte nicht, dass wir extra ihretwegen aus Berlin gekommen waren und betrachtete das Gespräch als beendet. Doch der Name Ilse Fuchs aus Aschersleben – sie hatte uns den Tipp gegeben – wirkte wie eine Zauberformel. Plötzlich erhellte sich ihr Gesicht, bereitwillig lief sie zum Schuppen, um die neuen Stelzen zu holen. Und ehe wir uns versahen, stelzte Oma Spottog über den Hof. Ganz plötzlich unterbrach sie aber die Vorstellung und erklärte wieder ganz sachlich und bestimmt: „Das war's dann. Da hinten ist der Ausgang. Auf Wiedersehen."

Bleiben wir noch im Jahr 1987. Weitere Themen der Sendungen: Erste Fünflings-Geburt einer Hausziege in der DDR; Kleingärtner konstruiert drehbare Gartenlaube; Trabant jetzt auch in haitigrün; Christine Möller schläft wieder neben ihrem schnarchenden Mann dank Ohropax; die Krankenschwester mit dem kürzesten Kittel wird aus Königs Wusterhausen gemeldet und in Halle-Neustadt findet ein Schneckenrennen statt.

Es hatte sich herumgesprochen, dass es Schweizer Geschäftsleuten gelungen war, fast alle Waggons des legendären „Orient-Express" ausfindig zu machen und innerhalb von zwei Jahren aufwendig zu renovieren. Unser Drehstab bekam jedenfalls die Genehmigung, mit dem Express auf dem Berliner Außenring von Potsdam nach Berlin-Lichtenberg mitzufahren. An Bord des Zuges ältere Herrschaften, Japaner und Amerikaner, die sich am Lebensabend eine Weltreise mit dem „Orient-Express" von Paris nach Tokio für 20.000 Dollar pro Person leisteten. Die Passagiere, meist Ehepaare, waren mit allem Komfort in 2-Personen-Schlafkabinen untergebracht, die jederzeit von den Stewards zu bequemen Reiseabteilen umgebaut werden konnten. In der Mitte der Wagenfolge fuhren zwei Speisewagen und ein großer Salonwagen, in dem unterschiedliche Veranstaltungen und Tanzabende stattfanden. Für das leibliche Wohl sorgte ein Spitzenkoch aus Frankreich mit fünf Gehilfen, die angebotenen Speisen und Getränke genügten höchsten Ansprüchen. Das Personal an Bord stand uns außerordentlich freundlich Rede und Antwort, allen voran der 2,08 m lange Zugführer, der nicht zu übersehen war. Gerade waren die letzten Worte gewechselt, da hatten wir auch schon das vorgeschriebene Ziel erreicht. Keiner von uns ahnte damals, dass es ein Jahr später möglich sein würde, selbst eine erste kleine Weltreise zu starten. 34 Bahn-Kilometer lang konnten wir schon den Duft der großen, weiten Weit schnuppern.

Ungebrochen gingen wir weiter innerhalb unserer vier Wände auf die Suche nach außergewöhnlichen Begebenheiten. In Klipphausen, in der Nähe der Autobahnabfahrt Wilsdruff zwischen Dresden und Chemnitz, fanden wir den kleinsten Ort mit Nachtbar. Ein junges, unternehmungsfreudiges Gastwirtsehepaar hatte sie dort gerade eröffnet. Der Zuspruch war groß, und selten bekam man einen freien Platz. Neben vorzüglichen Speisen und Getränken wurde auch ein entsprechendes Nachtprogramm geboten. Unterwäschemodenschau hieß bekanntlich in unserer striptease-freien Zone die Ersatzlösung. Eine besonders originelle wurde in Klipphausen gezeigt. Die von uns gesendeten Ausschnitte belebten das Geschäft noch mehr, so das sich die Einheimischen bald durch den fortlaufenden Verkehrslärm in ihrer ländlichen Idylle gestört fühlten. Das war der Anfang vom Ende.

Im thüringischen Gehren feierte zur gleichen Zeit eine Einrichtung ihr hundertjähriges Jubiläum, die ganz andere Voraussetzungen für ein langes Leben besaß. Es war die Schule. Am 3. September 1888 war sie eröffnet worden. Das war zugleich der erste Schultag für einen Mann, der wenige Tage zuvor in Gehren seinen 106. Geburtstag gefeiert hatte. In geistiger Frische beantwortete er all unsere Fragen. Am offenen Fenster nahm er den Gruß der Schuljugend entgegen. Man merkte, dass er doch regelmäßig fernsah, denn die Gesten, mit denen er dankte, erinnerten an große Vorbeimärsche, die auf unseren Kanälen oft stundenlang übertragen wurden.

Wenn ich in der DDR auf ausländische Studenten traf, passierte es oft, dass ich höchstes Lob für unser Team zu hören bekam. Manche stellten sich nur auf und lachten aus vollem Halse. Auch ausländische Mitarbeiter im diplomatischen Dienst gestanden mir bei den wenigen Gelegenheiten, die es gab, ihre Sympathie für die Sendung. Einen besonderen Stein im Brett hatten wir aus unerklärlichen Gründen bei der chinesischen Botschaft. Wir konnten dort schon mehrere Fragen klären.

Ein Herr aus Dresden musste bei Familienfeiern immer ein chinesisches Lied vortragen, das er als Kind gelernt hatte. Die meisten seiner Zuhörer bezweifelten bei solchen Gelegenheiten die Herkunft des Liedes. Er selbst war aber überzeugt, dass es stimmte. Wir baten ihn, nach Berlin zu kommen, um gemeinsam die chinesische Botschaft aufzusuchen. Auch diesmal bekamen wir sofort einen Termin beim zuständigen Kulturattaché. In Begleitung einiger Herren der Botschaft empfing er uns und hörte sich das Lied an. In gebückter Haltung, ohne eine Miene zu verziehen, lauschten alle dem Vortrag. Am Ende schauten sich die Herren ratlos an. Nach einer Minute des Schweigens hatte sich der Kulturattaché die diplomatische Antwort zurechtgelegt. „Die Sprache ist nicht chinesisch, die Melodie auch nicht. Wir vermuten, es handelt sich um ein Lied aus einer Region unserer Heimat, die noch unbekannt ist."

Ein bekannter Sänger stand im Mittelpunkt einer anderen Geschichte – der Tenor Richard Tauber. Eine Frau aus Bansin an der Ostsee war dem Star der 20er Jahre begegnet, der, wie sie uns erzählte, nicht nur ein charmanter Mann, sondern auch ein Wegbereiter für das Zusammengehen von

U- und E-Musik war. Egal, welche Musik man in einem geschlossenen Raum hört, das Husten der Zuhörer stört immer. Was kann man dagegen tun? – Der Dirigent Otmar Suitner äußerte sich für unsere Zuschauer nach einer Aufführung in der Berliner Linden-Oper zu diesem Thema. Der Meister musste allerdings seine Ausführungen mehrmals unterbrechen. Er hatte Husten.

5 Minuten und 40 Sekunden widmeten wir einer Umfrage: Wie würden Sie sich verhalten, wenn plötzlich Außerirdische landen? Die Befragten gaben schlagfertige Antworten. Eine 79jährige Berliner Rentnerin wollte sich sofort erkundigen, ob die fremden Leute schon etwas Warmes gegessen hätten.

Schwer zu tragen hatte ein Autogrammjäger an seiner außergewöhnlichen Art, Autogramme zu besorgen. Er trug auf den Schultern seine Wohnzimmertür herum und ließ die Prominenz auf ihr unterschreiben.

Eine Gruppe Erdenbürger gab sich Mitte 1989 auf der Burg in Querfurt ein Stelldichein, Familien aus allen Teilen der DDR, die eigene Fahnen haben. Nur wenige Worte begleiteten den Aufmarsch, denn die Bilder sprechen ihre eigene Sprache. Eine freiwillige Demonstration, ohne Losungen unter Fahnen mit selbstgewählten Motiven zu Ehren der Familie. Dabei auch eine Sippe aus Regis-Breitingen. Von ihr zeigten wir zusätzlich Bilder vom wöchentlichen Fahnenappell auf ihrem Grundstück. Nachdem das Familienoberhaupt bekannt gegeben hatte, wer in der zurückliegenden Woche eine herausragende Leistung in Schule, Beruf oder Sport vollbracht hatte, ertönte das Kommando „Heißt Flagge!" und der Beste durfte die Familienfahne am Mast emporziehen. Das war ein standesgemäßer Abschied von der DDR.

Unsere erste Sendung nach der Wende lief am 21. Dezember 1989, 20.00 Uhr. Das war zugleich die 90. Folge von „Außenseiter-Spitzenreiter" mit 12 Beiträgen, die wir in 45 Minuten und 4 Sekunden vorstellten. Im Zeichen des bevorstehenden Weihnachtsfestes hatten wir in der vorangegangenen Sendung am 21. September gefragt: Wo lebt die älteste Gans? Gemeint war natürlich: auf dem Territorium der DDR – wo sonst. Aber was sollten wir machen, Mitte November traf eine Postkarte ein mit dem Hinweis auf ein österreichisches Grenzdorf, wo wir sie finden könnten. Zum ersten Mal wurde uns klar, dass wir unsere Fragen nicht mehr so allgemein formulieren durften. Wolle bekam seine erste West-Dienstreise und durfte die Gans besuchen. Ich stellte ein Hochzeitspaar aus Magdeburg vor, das am 10. November 1989 um 9.30 Uhr standesamtlich getraut wurde. Er war Feuerwehrmann und hatte sich für sie etwas Besonderes ausgedacht. Über die Feuerwehrleiter wollte er die Geliebte aus ihrer Wohnung im 12. Stock eines Hochhauses abholen. Erst auf der morgendlichen Fahrt nach Magdeburg zum Drehtermin hörte ich im Radio, dass die Grenzen zum Westen nicht mehr abgeriegelt waren. Reporter Eichhorn von Radio DDR meldete sich in Sektlaune vom Kurfürstendamm. Wir begegneten Tausenden von

Fahrzeugen, die nach Berlin fuhren, denn niemand wusste, wie lange die Grenze offen bleiben würde. Lediglich Hans-Joachim Wolfram nebst Drehstab, gut erzogen in 40 Jahren DDR, fuhr pflichtgemäß für ihre Zuschauer in die andere Richtung.

In die „falsche Richtung" war schon 1988 ein Wellensittich aus Berlin geflogen – vom Ostteil der Stadt über die Mauer in den Westteil. Damit war er nicht etwa vogelfrei geworden, nein, er hatte leider gelernt, seinen Namen und seine Adresse zu sprechen. Und so wurde er zurückgebracht.

Einen außergewöhnlichen Tatbestand präsentierten wir unseren Zuschauern voller „Stolz" am 21.12.1989. Die DDR war noch größer als bisher angenommen. Helmut Hollstein aus Stralsund hatte den Nachweis erbracht, dass die in Lehrbüchern und Lexika angegebene Flächengröße von 108.178 Quadratkilometern nicht stimmte. Das war ein notwendiger Nachtrag in letzter Minute.

Ein Mann aus Cottbus informierte uns, dass er außer der Ehrenspange zum Vaterländischen Verdienstorden alle Orden besitzt, die in der DDR verliehen wurden und bekam einen Sendeplatz. Ebenso Beate Uhse, die bei uns ihren ersten DDR Fernsehauftritt hatte. Dazu passte ein Freiberger, der gerade eine neue Partei gegründet hatte, die „Sex-Liga". Spätestens jetzt wurde uns klar, welche großen Reserven für uns plötzlich frei geworden waren.

Mit der Sendeplanung aber ging es in dieser Zeit oftmals ziemlich durcheinander, und so erfuhren wir eines Tages, dass unsere nächste Sendung am Pfingstsonntag des Jahres 1990 ausgestrahlt werden sollte. Ich lernte Anfang Dezember 1989 Rudi Carell kennen, der mich in seine Sendung „Lass Dich überraschen", die in Köln produziert wurde, eingeladen hatte. Beim Auseinandergehen besprachen wir einige Projekte, die man vielleicht gemeinsam angehen könnte. Am 30. Dezember 1989 war dann Carell Gast meiner Sendung „Wennschon, dennschon", die live aus dem Haus der Heiteren Muse in Leipzig übertragen wurde. Dort vereinbarten wir, im neuen Jahr Beiträge auszutauschen, denn Carell moderierte auch eine Sendung für die 3. Programme mit kuriosen Beiträgen.

Im Hinblick auf den bevorstehenden „Pfingst-Außenseiter"
telefonierte ich kurze Zeit später mit ihm und vereinbarte,
unsere Gespräche vor der Kamera fortzusetzen. Diese Gespräche sollten zugleich als Moderation für die Sendung
selbst genutzt werden. Er war einverstanden und ermöglichte uns zwei erlebnisreiche Tage auf seinem Grundstück
in Wachendorf bei Bremen. Auch anderen namhaften Kollegen aus dem Westen begegnete ich bald nach der Wende,
zum Beispiel während der Sendung „Guten Abend,
Deutschland", die bekannte Moderatoren aus Ost und West
zusammenbrachte: Dieter Thomas Heck, Frank Elstner,
Helga Hahnemann, Thomas Gottschalk und Gunter Emmerlich und ich standen (oder saßen) dabei gemeinsam auf
der Bühne des Friedrichsstadtpalastes.

Schon zu DDR-Zeiten schrieben uns viele Fans aus dem
Westen. Jetzt schickten sie uns Vorschläge, weil wir ja
kommen konnten. Das Angebot, das uns aus Bockenfeld in
Bayern erreichte, passte hervorragend in die politische
Landschaft.
Gartenfreund Anton Müller stellte sich keine Gartenzwer-
ge, sondern Politiker auf die Wiese, die er als Hobby-
Modelleur meisterhaft aus Beton formte. Hinter dem Haus
hatte er den Ehrenhain angelegt, wo nur Politiker aufgestellt wurden, die er für würdig erachtete. Zum Zeitpunkt
unseres Besuches hatte er gerade Kohl neben Gorbatschow
aufgestellt.

Der Filmregisseur Wolfgang Staudte hatte bei der DEFA
neben einigen anderen berühmten Filmen auch den Mär-
chenfilm „Der kleine Muck" gedreht. Immer wieder hatten
uns Zuschriften erreicht, in denen wir gebeten wurden,
nachzuforschen, was aus dem kleinen Jungen geworden ist,
der den Kleinen Muck so fabelhaft gespielt hatte. Nach einigen Recherchen standen wir im Oktober 1990 in Hannover Herrn Dr. med. habil. Thomas Schmidt gegenüber. Die

meisten Leute in seiner Wohngegend erfuhren erst durch unsere Sendung vom älter gewordenen Filmkind.

Die ersten „Italiener" etablierten sich überall in der DDR, und prompt trafen die ersten Fragen zur italienischen Küche bei uns ein. Wie lang ist eine Portion Spaghetti? – Diese gefiel uns am besten, und wir meldeten uns zum Nachmessen an. Alle Nudeln aneinandergereiht ergaben die stolze Länge von 40 Metern.

Schließlich erinnerten wir unsere Zuschauer daran, dass wir als erste darauf gekommen waren, den Mittelpunkt der DDR zu vermessen. Am 16. April 1974 markierten wir in der Nähe von Belzig den genauen Punkt. Deshalb fühlten wir uns auch zuständig, eine Meldung vom 3. Oktober 1990 zu überprüfen, in der mitgeteilt wurde, dass sich der Mittelpunkt Deutschlands im hessischen Wanfried befindet. Herr Dr. Finger aus Dresden, der den Mittelpunkt der DDR errechnet hatte, kam zu einem anderen Ergebnis und stellte fest, dass der Mittelpunkt Deutschlands eindeutig am Rande der Ortschaft Niederdorla in Thüringen liegt. Wir veranlassten ein Treffen zwischen Dr. Finger und Dr. Förge von der Universität Göttingen, der Wanfried ausgerechnet hatte. Nach mehrstündigen Beratungen wurde das Resultat von Dr. Finger bestätigt, und wir konnten Niederdorla anschließend die frohe Nachricht überbringen. Heute erinnert eine Gedenktafel in Niederdorla an unser Engagement für Thüringen.

Alles geht seinen bewährten Gang. Da erreicht uns plötzlich die Nachricht, dass die ARD 1991 sieben Folgen „Au-

ßenseiter-Spitzenreiter" ausstrahlen möchte. Als betreuender Sender wird uns der Süddeutsche Rundfunk genannt. Anfang Januar erfahren wir die ersten Sendetermine – 28. Januar, 3. Februar und 11. Februar, jeweils 22.00 Uhr.
Eine Sendereihe, die sich 18 Jahre lang von Folge zu Folge aufgebaut hatte, sollte nun plötzlich von heute auf morgen drei Folgen aus den Boden stampfen. Wir wollten aber auf jeden Fall die Chance nutzen und gingen auf folgenden Kompromiss ein: Neue Beiträge drehen – soviel wie möglich, den Rest mit Bewährtem aus der DFF-Zeit aufstocken. Es war ein großer Fehler, dass wir die neuen Beiträge ausschließlich in den alten Bundesländern drehten. Wohl nicht zuletzt wollten auch wir unsere neuen Reisemöglichkeiten genießen. Gerade der heitere Alltag im Osten hatte ja auch unseren West-Fans vor dem Mauerfall so am Herzen gelegen.

Nun jedenfalls sah man in „Außenseiter-Spitzenreiter" Frau Berghoff, die Herren Wieben, Juhnke, Fassbender und Millowitsch einen Zungenbrecher üben, der es in sich hat, auch wenn es auf den ersten Blick gar nicht so schwer scheint: „Brautkleid bleibt Brautkleid, und Blaukraut bleibt Blaukraut."

Die Einschaltquoten waren trotzdem gut. Keine andere Sendung auf dem Montag-Sendeplatz um 22.00 Uhr hatte bessere.

Noch einmal begann das gleiche Spiel. Im Juni bekamen wir neue Termine genannt. Die nächsten „Außenseiter" sollten am 18. Juli, 25. Juli und 8. August wieder montags 22.00 Uhr in der ARD gesendet werden. Wir standen praktisch vor der gleichen Situation wie am Beginn des Jahres, hatten aber eine kleine Reserve auf Verdacht gedreht. So ließen sich die Sendungen etwas besser bauen und unsere Partner vom Süddeutschen Rundfunk waren recht zufrieden. Alle glaubten, dass sich bei einer langfristigen Planung die Reihe stabilisieren würde.

Zu unser aller Überraschung bekamen wir aber erst den 23. Dezember als nächsten Sendetermin genannt. Der war auch unser letzter für den SDR.

Inzwischen hatte die neue Leitung des MDR ihre Arbeit aufgenommen, und für den 10. Oktober 1991 stand ein Termin beim Fernsehdirektor Henning Röhl in Leipzig, Funkhaus Springerstraße, in meinem Notizbuch. An diesem Tag fiel mir ein Stein vom Herzen: In der Sendeplanung für 1992, so erfuhr ich, war „Außenseiter-Spitzenreiter" im Programm des MDR fest verankert.

Da mit dem 31. Dezember 1991 der Deutsche Fernsehfunk aufgelöst wurde, empfahl mir Röhl, eine eigene Firma zu gründen, die für den MDR dann die Sendung produzieren sollte.

Im Januar 1992 begann die MEDIA EFFEKT TV-Produktionen GmbH, die ich mit meinem langjährigen Mitredakteur Reinhard Munack gründete, ihre Tätigkeit.

Mit der 100. Folge von „Außenseiter-Spitzenreiter" begannen wir am 8. Januar 1992 unsere Arbeit für den MDR.

Von 1957 bis 1969 hatte ich als Techniker und Reporterredakteur beim Sender Dresden gearbeitet, bevor ich 1970 zum Fernsehen wechselte. Ein Sohn der Stadt kehrte nach 22 Jahren an seine langjährige Ausbildungs- und Wirkungsstätte zurück.

Wir waren glücklich, dass uns auch unsere Zuschauer die Treue hielten. Nach wie vor schrieben sie uns heitere Alltagsgeschichten und gaben uns Tipps zu manchen liebenswerten und kauzigen Zeitgenossen.

Wir erfuhren vom Hobby der sangesfreudigen Frau Pittermutz aus Leuthen. Sie sang selbstverständlich in einem Chor, aber ihre große Leidenschaft waren die Duette, die sie mit Peter Schreier singen konnte. Sie besaß fast alle seine Schallplatten, mindestens eine legte sie täglich auf, und dann sang sie einfach dazu. An manchen Stellen auch mit der 2. Stimme. In ihrer Wohnstube trug sie uns ein Beispiel vor, das uns restlos begeisterte. Unsere Aufnahme spielten wir zwei Tage später Peter Schreier vor und fragten, ob er bereit sei, mit Frau Pittermutz aufzutreten. Er war es, und zehn Tage später sangen Frau Pittermutz und Peter Schreier im Apollosaal der Deutschen Staatsoper Berlin das Lied „Wie komm' ich denn zur Tür herein" von Johannes Brahms.

Eine zweite musikalische Delikatesse konnten wir in der 100. anbieten. Ein Tubist der Mecklenburgischen Staatskapelle hatte eine Vorrichtung gebaut, die nach Bedarf sein Instrument mit einem Blasebalg verkoppelte. Dadurch war es ihm möglich, in allen Tonlagen „volles Rohr" zu spielen. Viele Dirigenten hatten bis dahin den kräftigen, satten Ton der Tuba gelobt, aber nie das Geheimnis des Musikers erfahren.

Großen Spaß hatten wir in Pirna. Ein Fleischer sah für sein Geschäft keine Perspektive mehr und schloss es kurzerhand. Doch schon 14 Tage später gab es die Wiedereröffnung, nunmehr allerdings als Sexshop. Viel zu besprechen gab es mit dem „Umschüler" nicht, aber was es zu sehen gab, war schon sehr vergnüglich. Er hatte die Inneneinrichtung der Fleischerei nicht verändert. Dort, wo sonst die Wurstsorten lagen, standen jetzt die Kondome. Am ehemaligen Fleischstand war die Abteilung für Vibratoren und Zubehör eingerichtet und an den Fleischerhaken hingen die Dessous. In den Kühlschränken, die abgeschaltet waren, standen Videos für jeden Geschmack, und der Chef trug kein blau-weiß gestreiftes Hemd mehr, sondern ein T-Shirt mit einem eindeutigen Symbol.

Dann konnten wir noch die Ergebnisse eines Großversuches veröffentlichen. Schon lange wollten wir klären, ob man durch den Genuss von Weinbrandbohnen fahruntauglich werden kann. Nachdem unsere Testperson die kaum zumutbare Menge von zehn Kartons Weinbrandbohnen verzehrt hatte, war die Fahrtauglichkeit nicht eingeschränkt. Leider verrieten uns die Süßwarenfabrikanten die Zusammensetzung der Flüssigkeit nicht. Wir schätzten: Auf 10.000 Bohnen eine halbe Flasche Weinbrand.

Anrufbeantworter feierten inzwischen auch im Osten ihren Siegeszug. Was man in weicher Form aufsprechen soll, wurden wir in zahlreichen Zuschriften gefragt. „Außenseiter-Spitzenreiter" organisierte einen großen Erfahrungsaustausch und veröffentlichte Beispiele, die uns auf Tonband zugeschickt wurden. Die Palette der Angebote reichte von der sachlichen Information bis zum Hörspiel.

Nach knapp 20 Jahren hatten wir also die 100. „Außenseiter-Spitzenreiter"-Sendung erreicht. Es dauerte bis zu diesem Jubiläum deshalb etwas länger, weil wir, wie bereits gesagt, ab 1983 daneben regelmäßig die Samstag-Abend-Show „Wennschon, dennschon" auf den Sender brachten. Das waren Mammutveranstaltungen mit über 300 Mitwirkenden, deren Vorbereitung viel Zeit kostete. Es war 1992 bald abzusehen, dass es uns mit reduzierter Mannschaft nicht gelingen würde, zwei Sendereihen gleichzeitig zu betreuen. Um es an dieser Stelle vorwegzunehmen: Noch fünfmal wurde „Wennschon, dennschon" aus Dresden, Chemnitz, Gera, Erfurt und Annaberg übertragen. Die Dresdner Sendung 1993 sollte nach dem Willen des damaligen Unterhaltungschefs des MDR, Wolfgang Brehmke, „Außenseiter-Spitzenreiter" heißen, womit unsere Zuschauer restlos verwirrt wurden. Wir verabschiedeten uns daraufhin von „Wennschon, dennschon" und konzentrierten uns endgültig auf unser Lieblingskind „Außenseiter-Spitzenreiter" im traditionellen Gewande. Bis dahin waren immerhin schon elf Sendungen dieser Form beim MDR mit durchaus erwähnenswertem Inhalt ausgestrahlt worden.

Am Tegernsee besuchten wir die „einzige männliche Soubrette" Deutschlands, die das gesamte Repertoire in diesem Fach beherrschte.

In Bad Segeberg stritt sich ein Mann vor Gericht, der verlangte, dass man auf öffentlichen Ämtern ohne anzuklopfen eintreten darf. Er bekam bei uns drei Minuten Sendezeit.

Wir besuchten den Schauspieler Gustl Bayrhammer in München. Ein Zuschauer, der behauptete, alle Menschen an den Augen zu erkennen, hatte uns geschrieben, dass die Augen im „Tatort"-Vorspann die von Bayrhammer wären. – Es bestätigte sich nicht. Der Tatort-Kommissar im Ruhestand bemühte sich aber, über die BAVARIA herauszufinden, zu wem sie wirklich gehörten. Die Nachforschungen hatten Erfolg, und so konnten wir die Person vorstellen – einen gewissen Horst Lettenmeyer aus München, ehemals Schauspieler, dann Lampendesigner. Zu ihm gehörten die Augen. Noch immer bemühte er sich um ein Honorar dieser Dienstleistung, für die er sich einst unwissend zur Verfügung gestellt hatte.

Die älteste Motorradfahrerin Deutschlands bekam zu ihrem Geburtstag im Frühjahr 1992 nicht nur Besuch von ihrem Motorradclub, sondern auch vom Außenseiter-Team.

Endlich bekamen wir auch einen Hinweis auf eine Person, die bei der Trauung vor dem Standesbeamten „Nein" gesagt haben soll. Nach solch einem Vorfall waren wir schon sehr oft gefragt worden. Eine Standesbeamtin aus Halle-West konnte uns nun einen Musiker nennen, der es erlebt hatte: Der Bräutigam hätte kurz vor der Hochzeit um einen

Kasten Bier gewettet, dass er „Nein" sagen würde. – Die Schilderung des Musikers klang glaubwürdig und auch die Beteiligten, die wir aufsuchten, bestätigten den peinlichen Vorfall. Das endgültige Ergebnis unserer Recherche war, dass der Bräutigam vorher nur nicht den Mut gefunden hatte, bekannt zu geben, dass er die Hochzeit eigentlich gar nicht wollte. Die Bierwette hatte mit dem „Nein" im Grunde nichts zu tun.

Immer wieder wurden wir von unseren Zuschauern auf Badende aufmerksam gemacht, die ohne Schwimmbewegungen auf dem Wasser lagen, im Volksmund also einen „toten Mann" machten. Zwanzig dieser „Talente" bestellten wir in das Freibad Dresden-Bühlau, um festzustellen, ob es wirklich mit rechten Dingen zuginge. – Es war nichts festzustellen. Einzige Erklärung: Ihre Körper mussten mit besonders großen Hohlorganen ausgestattet sein. Eine Schwimmerin erzählte uns, dass sie in dieser Lage schon einmal 30 Minuten geschlafen hätte.

In Chemnitz gelang uns eine Personenzusammenführung: Gerhard Metzner, Chemnitz, traf nach 49 Jahren auf Gerhard Metzner, Burgstädt. Beide wurden am gleichen Tag, unter gleichem Namen, im gleichen Krankenhaus, auf der gleichen Station geboren und hatten einander seitdem nicht gesehen.

Eine Sendung später baten uns die Gebrüder Schmieder nach Dessau. Sie wollten in unserer Sendung einen Vorschlag für die Verkehrsentlastung der Straßen unterbreiten. Beide besaßen noch bis vor kurzem einen eigenen PKW; inzwischen war ein Auto verkauft, das andere benutzten sie gemeinsam. Darum ging es: Zwei Autofahrer könnten sich in ein Auto teilen. Ein Plan, der schon 14 Tage im voraus aufgestellt wurde, ermöglichte den Brüdern, ihre Termine entsprechend zu koordinieren. Wenn man weiß, so damals ihre Aussage, dass einem nur jeden zweiten Tag ein Auto zur Verfügung steht, gewöhnt man sich sehr schnell daran.

Ob ihrem Beispiel jemand gefolgt ist, wurde leider nicht bekannt.

„Außenseiter-Spitzenreiter" wurde wieder regelmäßiger Bestandteil im Programm des MDR. Auf einer Werbetournee durch die neuen Bundesländer, zu der mich die Deutsche Bundespost verpflichtet hatte, bekam ich Gelegenheit, das Zehntausenden von Menschen persönlich mitteilen zu können. Ich sollte mit einem Truck, der Funk und Fernsehen an Bord hatte, über Land rollen und in rund 30 Städten für den Postdienst werben. Es fehlte lediglich noch eine Co-Moderatorin. Ich suchte und fand sie schließlich in Christine Trettin-Errath.

Die bekannte Europa- und Weltmeisterin im Eiskunstlaufen hatte hinreichend Erfahrungen als Moderatorin und arbeitete bereits seit einigen Jahren für das Fernsehen. Damit wurde der Grundstein für eine Zusammenarbeit gelegt, deren Umfang damals noch nicht abzusehen war.

Unser „Außenseiter-Spitzenreiter"-Drehstab war laufend auf Achse. Monatlich eine Sendung zu bringen, bedeutete, fast jeden zweiten Tag einen Treffer zu landen. Mit Hilfe unserer Zuschauer waren es auch manchmal Volltreffer.

Dienstreisen per Fahrrad waren vorstellbar, weniger, dass man dafür Kilometergeld abrechnen kann. Prof. Dr. Holl aus Suhl trafen wir während einer Fahrrad-Dienstreise in Neustadt am Rennsteig. Der Mann war informiert und hatte mit den Pedalritten schon allerhand Geld verdient. Es kam auf ein Sonderkonto und wurde ausschließlich für neue Fahrräder ausgegeben. Übrigens: Sieben Pfennige pro Kilometer wurden gezahlt, so stand es seit geraumer Zeit in den entsprechenden Verordnungen.

Nicht zu unterschätzen waren die Hinweise von Friedrich Borrosch, die wir vermitteln konnten. Er stand lange bei Franz Konz im Dienst, der das vielbeachtete Buch „1.000 Steuertricks in der Praxis" herausgegeben hatte. Borrosch gab einige Tricks zum besten und wir bedauerten sehr, dass wir aus dem Zwanzig-Minuten-Gespräch nur eine Kurzfassung senden konnten. Die heitere Hinwendung zu Themen, die unseren Zuschauern wichtig waren, brachte uns immer Pluspunkte.

In der 106. Folge förderten wir etwas ganz Erstaunliches zutage: Karl Richter, geboren am 20. Juni 1909 in Niedergrund in Österreich – später gehörte dieser Ort zur tschechoslowakischen Republik –, entpuppte sich als der wirkliche Textautor der Ralph Benatzky-Erfolgsoperette „Zum Weißen Rössl." An einem Sommerabend des Jahres 1930 trafen sich Emil Jannings, Erik Charell und Rolf Gilbert mit einem Dr. Müller auf der Terrasse des Weißen Rössls am Wolfgangsee. Alle waren auf der Suche nach einem neuen Volksstück. Da geriet ihnen eine Annonce in die Hände, nach der ein Karl Richter die Geschichte des „Weißen Rössl" auf geschrieben hätte. Noch am gleichen Abend fiel die Entscheidung: Dr. Müller kaufte von Richter die Texte, Ralph Benatzky komponierte die Musik, Robert Stolz und Bruno Granestädter steuerten einige Lieder bei. Am 8. 11. 1930 erfolgte die Premiere, und seitdem galoppiert das „Weiße Rössl" in vielen Sprachen um die ganze Welt. Den unbekannten Autor besuchten wir an seinem Wohnsitz in Herrenwalde im Zittauer Gebirge.

Bei unseren Fahrten konnten wir feststellen, dass immer mehr Schüsseln an den Häusern angebracht wurden. Das Satellitenfernsehen breitete sich aus – kein Wunder, dass auch uns die Frage erreichte: Welcher Privathaushalt empfängt die meisten Satellitenprogramme? – Lutz Lehmann nannte uns seinen Vater Dieter Lehmann in Berlin. Den Besuch bei ihm werde ich nicht vergessen. Ein sehr angenehmer, lustiger Zeitgenosse war Dieter Lehmann, aber leider fernsehkrank. Über seine sechs Parabolspiegel, die er teils drehbar auf und unter dem Dach angebracht hatte, könnte er damals 98 uncodierte und 70 codierte Programme ständig empfangen. Seine Lieblingssendung brachte zum Zeitpunkt unseres Besuches die mittelamerikanische Station von „Gallavision Mexiko." Was ihm an dem Programm gefiel, war lange nicht aus ihm herauszubekommen. Dann gab er es zu: die dunkelhaarige Sprecherin vom Jugendfernsehen hatte es ihm besonders angetan. Dieter Lehmann saß täglich zehn Stunden vor der Bildröhre und verfolgte Sendungen u.a. aus Italien, Tunesien, Kuwait und Japan. Auch die Sendung „Außenseiter-Spitzenreiter" war ihm bekannt.

Das war sie auch dem Weihbischof des Bistums Meißen, Georg Weinhold. Er empfing mich sehr aufgeschlossen und erzählte mir von einigen unserer Sendungen, die er verfolgt hatte. Jetzt wurde mir klar, warum er das Thema, das uns zu ihm führte, vorher nicht wissen wollte. Eine Zuschauerin aus Mannichswalde hatte uns auf einer Postkarte am 15. 11. 1992 folgendes geschrieben: „Da auch ich zu den Neugierigen gehöre, würde mich einmal interessieren, wie die kleinen runden Kappen, die der Papst und andere Geistliche tragen, am Kopf befestigt sind." Der Weihbischof lächelte, nahm die Kappe ab und zeigte, dass sie nicht am Kopf befestigt war. Als ich bemerkte, dass wahrscheinlich nicht alle seiner Glaubensbrüder eine so ausgeprägte Kopfform wie er hätten, bekam ich zur Antwort: „Sie hat zu sitzen! Ohne Hilfsmittel in jedem Fall." Also gibt es hin und wieder doch kleine Wunder.

Anschließend folgten wir der Einladung in ein Spezialgeschäft für Zauber- und Scherzartikel in Dresden-Altseidnitz, „Magic and Spiele." Der Inhaber, ein Herr Feuerberg, hatte noch nicht verraten, womit er uns überraschen wollte. Dann standen wir ihm gegenüber. Es knallte und zischte nicht. Absolute Stille. Der Geschäftsmann ergriff das Wort und sagte: „Ich habe Sie zu mir gebeten, weil ich Ihnen mitteilen möchte, dass wir alle seit 1.136 Tagen Gelegenheit haben, in den Westen zu fahren. Ich bin gesund und besitze das nötige Kleingeld, aber ich habe es bisher nicht getan. Ich vertrete vielmehr die Meinung, dass die Leute zu Hause bleiben und sich Tag und Nacht Gedanken machen sollten, wie es hier vorangeht." Wir versprachen ihm, seine Meinung zu veröffentlichen, und daraufhin war er bereit, mehrere Raketen zu zünden.

Alle deutschen Fernsehstationen bemühten sich Anfang 1993 um Ulrich Schink aus Berlin. Der Kaufmann aus dem Stadtbezirk Wedding erklärte sich jedoch lediglich bereit, unserer Sendung ein Interview zu gewähren. Justitia wollte ihm an den Kragen und er war sich sicher, dass wir den Sachverhalt wahrheitsgetreu darstellen und dadurch die Situation nicht verschlimmern würden. Nach einem Gaststättenbesuch hatte er plötzlich gespürt, wie das zuvor getrunkene Bier wieder an die frische Luft wollte. Er stellte sich in der Bismarckstraße an einen Baum, um sich zu erleichtern, zu seinem Leidwesen direkt gegenüber einer Polizeistation. Ein Beamter sah ihn und verhängte eine Geldstrafe in Höhe von 127,50 DM wegen „Erregens öffentlichen Ärgernisses." Da Schink die Strafe nicht zahlte, übergab die Polizei den Vorfall dem Amtsgericht Tiergarten, das ihm mitteilte: „Wenn Sie das Bußgeld nicht innerhalb von zehn Tagen bezahlen, wird eine Erzwingungshaft angeordnet." Schink entgegnete: „Lieber gehe ich für ein paar Tage in den Knast, bevor ich für einmal pinkeln 127,50 DM zahle." Knast-Termin war der 4. Februar, in unserer Sendung am Tag davor äußerten sich auch einige Zuschauer. Wir erreichten, dass alle Beteiligten den Streitfall noch einmal überdachten.

Ich erinnere an unsere '92er Posttournee. Die Bundespost teilte uns mit, dass die Moderationen von Christine Trettin-Errath und mir nach den Ergebnissen der vor Ort gemachten Umfragen beim Publikum sehr gut angekommen waren. Da im Juli die neuen Postleitzahlen in Umlauf kommen sollten, wurde für den Sommer 1993 eine zweite Posttournee durch die neuen Bundesländer angesetzt, und wir bekamen erneut die Chance, die Moderation zu übernehmen. Der heutige Programmchef Unterhaltung des MDR, Udo Foht, bot uns daraufhin für die Monate Juli und August von Montag bis Freitag den Sendeplatz 19.50 Uhr bis 20.00 Uhr an. Dort sollten wir in einem Spiel die neuen Postleitzahlen populär machen. Wir kamen schließlich darauf, in Kurzreportagen Städte unseres Sendegebietes vorzustellen, und bauten darin das gewünschte Spiel ein. Heute betrachten wir diese Sendungen, die unter dem Titel „Mit den Richtigen" liefen, als unsere Trainingsstrecke. Ab November 1993 bezogen wir nämlich Christine Trettin-Errath in das „Außenseiter"-Team ein und hatten so nach über 20 Jahren zum ersten Mal die Möglichkeit, bei geeigneten Anlässen eine Frau ins Rennen zu schicken.

Ich werde noch heute oft gefragt, warum damals Hans-Joachim Wolle ausgeschieden ist und möchte deshalb an dieser Stelle kurz darauf eingehen. Als ich 1983 beauftragt wurde, eine öffentliche Sendung für den Samstagabend zu schaffen, stand fest, dass es auf Kosten von „Außenseiter-Spitzenreiter" gehen würde. Das bestätigte sich. Neben der neuen Sendung „Wennschon, dennschon", die viermal im Jahr ausgestrahlt wurde, schafften wir nur noch vier bis fünf Sendungen „Außenseiter-Spitzenreiter" und damit war Hans-Joachim Wolle natürlich nicht ausgelastet. Er entwickelte ein Programm für die Konzert- und Gastspieldirektion und reiste damit durch die Lande. Für seine Auftritte drehte er einige Filme und veröffentlichte Begebenheiten unserer gemeinsamen Arbeit, die nicht in meinem Sinne waren. Das war der Anfang vom Ende und alles andere ist Schnee von gestern. Er bleibt der unersetzbare Kollege an meiner Seite in dieser Zeit.

Ihren Einstand bei „Außenseiter-Spitzenreiter" gab Christine Trettin-Errath mit der Beantwortung der Frage, die ein Eislauffreund aus Crimmitschau eingereicht hatte: „Was können Eislaufstars von gestern heute noch?" – Im Verlaufe eines Aufenthaltes beim „Pokal der Blauen Schwerter" in Chemnitz führte uns die ehemalige Olympiasiegerin, Europa- und Weltmeisterin Sjoukje Dijkstra aus den Niederlanden einige Schritte vor. Der einstige Weltmeister Manfred Schnelldorfer konnte sogar noch eine Sitzpirouette zeigen und in Wien verzauberte uns Europa- und Weltmeister Emmerich Danzer vor allem noch einmal mit seinem Charme. Mit Christine im Arm legte er einen Walzer aufs Eis, der im nachhinein Paarlaufeignung verriet.

Aus dem ewigen Eis der Schweizer Alpen meldete sich Christine vier Wochen später und vermittelte uns aus über 3.000 m Höhe einen Bericht über den größten Schneemann der Welt, mit dem die Region um Saas Fe auf sich aufmerksam machen wollte. Der Schneemann wurde mit folgenden Daten ins Guinness-Buch der Rekorde eingetragen: Größe – 27,42 m. Erbauer – 8 Einwohner von Saas Fe. Bauzeit – 8 Tage.

Etwas Gutes konnten wir für Leute tun, die Flugangst hatten. Regelmäßig führte die Lufthansa Zusammenkünfte in verschiedenen deutschen Städten durch, bei denen sich Experten mit den geplagten Passagieren beschäftigten. Eine Berlinerin, die mit Erfolg „behandelt" wurde, berichtete uns vom Verlauf solcher Schulungstage. Vom Flugkapitän bis zum Psychologen war alles vertreten, was zum Thema etwas zu sagen hatte. Im Programm standen auch mehrere Flüge, bei denen das richtige Verhalten an Bord geübt wurde. In Begleitung einer Vertreterin aus der Lufthansa-Zentrale für Flugangst starteten wir mit der Berlinerin zum Airbus-Flug Berlin-Frankfurt-Berlin. Als ich erfuhr, dass unsere Kandidatin noch vor vier Monaten an Bord eines Flugzeuges am ganzen Körper gezittert und Schweißaus-

brüche bekommen hatte, war ich erstaunt, mit welcher
Freude und Gelassenheit sie jetzt dem Flug entgegensah.

Gut ausgedacht war die Frage eines Tierfreundes aus
Braunschweig. Er fragte an, wer das Hunde- und Katzenfut-
ter abschmeckt. Tatsächlich gelang es uns, in der Nähe von
Eisenhüttenstadt eine Person ausfindig zu machen, die sich
dafür zuständig fühlte. Dirk Freyer hieß der Mann, der für
den Geschmack des Hunde- und Katzenfutters der Firma
DIFRO verantwortlich war.

In der Nähe der Lutherstadt Wittenberg hatte ein Hobbymaler in Verehrung für Michail Gorbatschow nicht etwa The-
sen an sein Haus geschlagen, sondern ein überlebensgroßes
Bild des Politikers an den Hausgiebel gemalt. Solche „Vorkommnisse" wurden uns nach wie vor zuständigkeitshalber
mitgeteilt.

Wir bekamen den Tipp, dass der Bergsteiger Reinhold
Messner auf einer Südtiroler Woche in Berlin auftauchen
würde. Während der zurückliegenden 20 Jahre hatten wir
von sächsischen Bergsteigern natürlich öfter Fragen an den
„König der Berge" zugeschickt bekommen. Wir kramten
sie hervor und konnten die meisten an den Mann bringen.

So erfuhren wir zum Beispiel, dass Messner beim Erreichen eines Gipfels nie laut wurde oder gar gesungen hätte, sondern in sich gekehrt den Erfolg genoss.

Der Zufall wollte es, dass wir anschließend einen Brocken-Wanderer namens Jürgen Nikulski aus Clausthal-Zellerfeld beim Fußmarsch auf den 1.142 m hohen Gipfel begleiten konnten, und das bei einem der stärksten Schneestürme, die im Winter auf dem Berg gemessen wurden. Unsere Bilder vom Brockenaufstieg hätten in jeden Film über die Gipfelstürme Messners im Himalaja gepasst.

In völlig ungeeigneter Kleidung überstand der Drehstab die Wetterkapriolen und war froh, endlich die Gipfelbaude erreicht zu haben. Dort wurde unser Wanderer mit großem Hallo als guter alter Bekannter begrüßt. An diesem Tag hatte er nämlich seinen 510. Brocken-Aufstieg absolviert, den er sich wie gewöhnlich mit Stempel und Unterschrift vom Gastwirt bestätigen ließ.

Ohne Bestätigung, nur auf eine Aussage waren wir angewiesen, als Dietrich Freiherr von Blomberg berichtete, als erster Mensch das Kap Horn umschwommen zu haben. Kraft hatte er aber für das Unter nehmen nicht gebraucht, nur Glück. Und das bestand darin, dass er – wie es scheint – den einzigen Tag seit Menschengedenken erwischt haben muss, an dem sich die ansonsten aufbäumende See ganz ruhig gezeigt hatte. Er war extra ins Erlebnisbad nach Bremen gekommen, um Gelegenheit zu haben, seine durchtrainierte Figur zu zeigen.

Als Dresdner machte ich im Februar 1994 eine unerwartete Entdeckung. Beim Besuch eines Bäckermeisters in der Nähe von Freiberg erfuhr ich, dass nicht die Dresdner, sondern die Freiberger Eierschecke das Nonplusultra wäre. Noch nie hatte ich gehört, dass die, mir sehr sympathische Bergstadt, bei diesem Backwerk Tradition hat. Der feine Unterschied der Rezeptur liegt wohl in der Verwendung von Quark: Während die Freiberger ihre Eierschecke aus flachem Hefeteig und einem Belag aus Eiern und Mandeln zubereiten, wird in den Belag der Dresdner Eierschecke Quark untergemischt, auch ist der Teig etwas höher. Das wussten alle Freiberger, die das Rezept ihrer Eierschecke voller Stolz verrieten.

Endlich fand sich jemand, der untersuchte, wie es sich mit dem Abfluss in der Badewanne verhielt. Dreht sich der Strudel nun rechts- oder linksherum? – Herr Sprenger aus Halle stellte nach jahrelangen Beobachtungen einen Lehrsatz auf. Die Richtung des Strudels ist danach vom Drall abhängig, den das Wasser beim Herausziehen des Stöpsels bekommt. Bei der Demonstration in der Badewanne des Herrn Sprenger passierte das Unglaubliche: der Strudel drehte sich zuerst rechtsherum und wechselte dann plötzlich die Richtung. Sprenger legte offenbar nach der missglückten Fernsehsendung das Thema zur Seite, denn ein halbes Jahr später schickte er mir ein kleines Buch mit dem Titel „Und sie dreht sich doch nicht", gemeint war unsere liebe Mutter Erde. Zwischenzeitlich sind uns übrigens Informationen zugetragen worden, dass die Drehrichtung durch die Erdrotation bestimmt sein soll, auf der Nordhalbkugel unserer Erde dreht sich ein Strudel gemeinhin andersherum als auf der Südhalbkugel. Um diese Meinung vor Ort zu recherchieren, fehlte uns bis heute jedoch die Gelegenheit.

Einen großen musikalischen Spaß verschaffte uns Christoph Rommberger aus der Schweiz, der als persönliche Abrechnung mit der Oper eine groteske Einmannvorstellung der „Zauberflöte" von Mozart erarbeitet hatte. Hinter noch verschlossenem Vorhang zeigte er uns in der Berliner Volksbühne Kostproben seines Programms. Unbestrittener Glanzpunkt war die Arie der „Königin der Nacht" mit ihren waghalsigen Koloraturen, die der gelernte Tenor mühelos meisterte.

Die brandenburgische Ministerin Regine Hildebrandt, die mehr für Sprechrollen geeignet ist, gewann bei einer Zuschauer-Umfrage nach dem Schnellsprecher der Nation vor Dieter Thomas Heck. Dankbar nahm sie in der brandenburgischen Staatskanzlei das Ergebnis entgegen und trug ein Gedicht aus ihrer Schulzeit vor, für das alle Anwesenden mindestens die doppelte Zeit benötigt hätten.

Im März 1994 fuhren wir nach Norddeutschland. Als „Mittelpunkt-Experten" interessierte uns natürlich auch der tiefste Punkt Deutschlands. Um ihn bewarben sich zwei Orte – Neuendorf bei Wilster in Schleswig-Holstein und Pewsum auf der Halbinsel Krumhörn in Ostfriesland. Vor beiden Orten waren schon kilometerweit Hinweisschilder angebracht, und an den tiefsten Punkten selbst standen natürlich die Angaben, wie weit unter Normal Null man sich befindet. In Neuendorf waren es 2,30 m, in Pewsum 3,54 m. Mir schien, dass man in Ostfriesland etwas nachgeholfen und einfach an der bewussten Stelle ein Loch gegraben hatte. Noch heute gibt es zwei tiefste Punkte, die in beiden Regionen den Fremdenverkehr sehr fördern. So gesehen, hätte auch ein dritter Bewerber seine Berechtigung.
Der Airbrush-Spezialist Ingolf Kühn weihte uns in die Geheimnisse seiner Spritzkunst ein und bat um ein Foto von mir. Außerdem wünschte er sich, dass wir erst in zehn Tagen das Gespräch mit ihm fortsetzten. Mit einer leichten Vorahnung gingen wir darauf ein und erlebten dann doch eine Überraschung. Auf die Kühlerhaube eines Trabis hatte er mein Konterfei gesprüht. Von den Unterhaltungskünstlern war bisher nur Thomas Gottschalk diese Ehre zuteil geworden! In einer Ausstellung in der Stadthalle Cottbus wurden die Arbeiten des Künstlers noch im gleichen Jahr gezeigt.

Dass wir nach wie vor überall unsere Finger im Spiel hatten, konnte man an einer Episode erkennen, die wir mit Hilfe der Telekom veröffentlichten. – Die am längsten zurück-liegende Anmeldung für einen Telefonanschluß wurde in Weimar realisiert. Lore Schödl bekam dort nach 37 Jahren einen eigenen Anschluss. Telekomverwaltungsangestellte hatten die letzten Meter Kabelschacht zum entlegenen Wohngebiet selbst geschachtet.

Der Pilger-Chor aus „Tannhäuser" von Richard Wagner gehört zu meinen Lieblings-Chören. Endlich konnten wir ihn in unserer Sendung einsetzen. – Ein Mann aus Erfurt war in 59 Tagen 1.200 km nach Rom gepilgert und mit unbeschreiblichen Erlebnissen zurückgekehrt. Wir hörten seinen Bericht und schauten uns Fotos an. Mit seiner Wanderausrüstung hätte er in den Pilger-Chor jeder „Tannhäuser"-Inszenierung gepasst. Sein historisches Gewand trug er mit Würde, vielleicht auch deshalb, weil sein Name der des größten mittelhochdeutschen Dichters ist: Wolfram Eschenbach.

Wenn wir mit unserem Drehstab in diesen Tagen irgendwo auftauchten, kamen die Leute auf uns zu und machten Vorschläge. In Görlitz beschwor uns eine Frau, einen kleinen Betrieb aufzusuchen, der die Wende überlebt hatte: die Firma Rudolf Hoinkes, Alleinhersteller von Liebesperlen – ein DDR-Hit. Da erfanden wir schnell eine Frage und fuhren vorbei.

Erinnern Sie sich noch daran? VW-Käfer-Freunde aus Liegau-Augustusbad bekamen Gelegenheit, ihr einmaliges Ehebett bei uns vorzustellen. Es war ein weiß lackierter Käfer, der offiziell im Schlafzimmer seinen Platz hatte. Das Ehepaar konnte allerdings nur selten darin schlummern, denn am meisten wurde es von den fünf Kindern der Familie benutzt.

Einschaltquoten spielen für die Programmgestaltung der Sender eine große Rolle. Da sie täglich in den Zeitungen veröffentlicht werden, wurden wir immer wieder gefragt, wie sie ermittelt werden. Unseren Bericht über einen Besuch bei der Gesellschaft für Konsumforschung in Nürnberg, die dafür zuständig ist, haben wir bereits gesendet. – Ein repräsentativer Kreis von Zuschauern ist mit einem Zusatzgerät am Fernseher ausgerüstet, das die Sehzeiten der

Familienmitglieder auf den verschiedensten Programmen registriert. Nachts werden die Angaben über das Telefonnetz abgerufen und anschließend ausgewertet.

Unsere Einschaltquoten waren zu dieser Zeit zwar nicht schlecht, aber es war noch mehr drin. Vielleicht war der Sendeplatz am Sonnabend, 19.00 Uhr, nicht ganz so günstig. Es war die Zeit der Fußballfans und im übrigen hatten die Leute am Wochenende sicher auch mal etwas anderes zu tun als fernzusehen. Damit sie sich für uns entschieden, waren Knüller gefragt, und die lieferten uns die Zuschauer nachwievor. Der Schnitzer Walter Werner aus Seiffen im Erzgebirge zum Beispiel stellte bei uns sein Lebenswerk vor. Er hatte alle 96 Figuren des Fürstenzuges der sächsischen Thronfolger von 1127 bis 1904 geschnitzt, wie man sie auf Meißner Prozellan-Kacheln gemalt am Dresdner Schloss findet. Am „Tag der Sachsen" 1994 konnte in unserem Beisein Sachsens damaliger Ministerpräsident Kurt Biedenkopf als erster das Kunstwerk besichtigen.

An diesem Tag wurde in Annaberg-Buchholz die „größte" Sächsische Kartoffelsuppe von Fernsehkoch Kurt Drummer zubereitet. Unter vielen anderen ließ es sich auch Ingrid

Biedenkopf, selbst begeisterte Hobbyköchin nicht nehmen, davon zu probieren.

In Berlin erklärte sich ein Brautpaar bereit, uns bei einem Test zu unterstützen. Ein junger Mann aus Elsterwerda interessierte sich im Hinblick auf seine eigene bevorstehende Hochzeit dafür, ob der Blutdruck auf dem Standesamt steigt. Vor dem Weg dorthin fuhr das geschmückte Hochzeitsauto noch einen kleinen Umweg. Im Berliner Klinikum Buch wurden Testbraut und Testbräutigam jeweils eine Manschette am Arm angelegt und ein Blutdruckmessgerät an der Kleidung befestigt. Damit auch sicher im Umfeld des „Ja"-Wortes ein Wert erhoben wurde, stellte man einen Messrhythmus von 2 Minuten ein. Das bedeutete, dass jeder der beiden bis zur Auswertung im Anschluss an die standesamtliche Trauung ca. 30 Messungen über sich ergehen lassen musste. Dank und Anerkennung für dieses Opfer. Die Ergebnisse der Frau waren absolut normal, bis auf die Pulsfrequenz, die mit Werten zwischen 95 und 100 durchgehend zu hoch lag. Die Puls- und Blutdruckmessergebnisse des Mannes waren allerdings so ungünstig, dass ihm empfohlen wurde, sich im Anschluss an die Trauung sofort in ärztliche Behandlung zu begeben.

Der Beruf der Eltern bringt oft mit sich, dass Familien mehrfach ihren Wohnsitz verändern müssen. Für die Kinder bedeutet das, jedes Mal eine neue Schule zu besuchen. Ein Ehepaar aus Hannover glaubte, dass ihr Sohn, der 14mal die Schule wechseln musste, ein Spitzenreiter wäre. Dabei hatte es jedoch die Zirkus-Kinder außer acht gelassen. Altmeister Herbert Malmström von der bekannten Zirkusfamilie Malmström, der mit seinen artistischen Leistungen Weltruhm erlangte, erzählte uns in Güstrow vom Verlauf seiner Schulzeit. Er konnte schriftlich nachweisen, dass er 378 verschiedene Schulen besucht hat. Die Lehrer, die ihm die Zeugnisse schreiben mussten, bedauert er noch heute. Ein Lehrer formulierte: „Ich unterrichtete Herbert nur drei Tage an unserer Schule. An seiner Mitarbeit war nichts auszusetzen."

Der größte Fan der deutschen Fußball-Nationalmannschaft in Sachsen ist der Bautzener Steinmetz Johannes Hase. (Wir verschafften ihm ein Jahr später ein großes Erlebnis, von dem noch die Rede sein wird.) 1994 ging er (mit einer anderen Leistung) in die Geschichte des Freistaates ein. Er schuf eine drei Meter hohe Stele aus sächsischem Granit mit der Aufschrift: „Hier ist der Mittelpunkt Sachsens". In Anwesenheit des sächsischen Innenministers Eggert fand sie im Tharandter Wald ihren Platz, wo sie in unserer Sendung am 1. Oktober 1994 feierlich enthüllt wurde. Die genauen Koordinaten: 50° 55' 46, 1" *nördliche Breite*; 13° 27' 30,0" *östliche Länge*. Der Dresdner Mittelpunkt-Experte Dr. Finger hatte es sich nicht nehmen lassen, auch den Mittelpunkt des Freistaates zu markieren.

Ein Bauwerk in Bad Frankenhausen besuchten wir für einen Italien-Reisenden aus Chemnitz. Der hatte nämlich den Schiefen Turm von Pisa besichtigt und war anschließend in den Kyffhäuser gefahren. Dabei entdeckte er den schiefen Turm der Oberkirche von Bad Frankenhausen und war sich sicher, dass er schiefer sei als der italienische. Er hatte sich geirrt, der in Pisa hängt 6 m über, der in Bad Frankenhausen aber immerhin schon 3,50 m.

Damit das Programm immer schön bunt blieb, stellten wir eine Zahnärztin aus Plauen vor, die Angst vor dem Zahnarzt hatte. Wir testeten in Leipzig, wie viele Fahrgäste in den neuen Doppelwagen-Gliederzug der Bautzener Waggon-Bau GmbH wirklich passten – 76 Sitzplätze und 112 Stehplätze waren angegeben, 253 Fahrgäste brachten wir beim Test unter. Das lauteste Hotelzimmer fanden wir im Bahnhofshotel Rathen in der Sächsischen Schweiz, direkt an der Bahnlinie Dresden-Prag gelegen.
Und in Berlin stellten wir die „Spatzenmutter" aus dem Nikolaiviertel vor, eine Frau, die im Rollstuhl saß und täglich ihre Runden im Herzen der Hauptstadt drehte. Sobald sie auftauchte und ihre Lockrufe trällerte, kamen die Spatzen aus allen Himmelsrichtungen angeflogen und ließen sich bei ihr nieder. Sie fraßen ihr aus der Hand und lauschten der vertrauten Stimme. „Großstadtromantik in der Vorweihnachtszeit", schrieb eine Zeitung.

Eine junge Mutter aus Leipzig, die auf der Fahrt in die Klinik ein Mädchen zur Welt gebracht hatte, stellte die Frage: „Welcher Krankenwagenfahrer musste am häufigsten als Geburtshelfer einspringen?" Es meldete sich Dieter Möckel, der in Obercrinitz wohnte und im Kreiskrankenhaus angestellt war. Bis zum Zeitpunkt unseres Besuches hatte er 36 Entbindungen vorgenommen und sich gerade entschlossen, einen Lehrgang für Geburtshelfer zu besuchen.

Eine der letzten Bahnschranken im Handbetrieb entdeckten wir auf der Strecke Calbe-Barby und konnten endlich interessierte Eisenbahnfreunde davon unterrichten. Über 25mal musste der Streckenposten 98 in einer Schicht dort die Schranke schließen. Diese kleine Reportage bescherte uns Situationskomik in Hülle und Fülle, auch wenn dabei nur deutlich wurde, dass die Beamtin ihren Dienst getreu den Sicherheitsbestimmungen erfüllte. Zum Schmunzeln war schon, dass der vorbeirauschende Personenzug nur aus Triebwagen und einem Wagen 2. Klasse bestand, denn die Vorbereitungen der Durchfahrt hinterließen den Eindruck, als würde der Balt-Orient-Express erwartet. Wer vorbeifährt, ist egal, die Vorschriften sind die gleichen.

Wer noch nie in einem Wasserbett geschlafen hat, sollte es tun. Unser Drehstab hatte dazu im Hotel „Contel" in Darmstadt Gelegenheit. Wir hatten ein Hotel mit Wasserbetten gesucht und gefunden. Private Wasserbettenschläfer hatten sich bei uns erkundigt, ob sie auf Dienstreisen auf ihre vertraute Bettung verzichten müssten. Damals wäre es schwer gewesen, denn nur wenige Hinweise erreichten uns, z.B. noch aus Taubenheim, Eibenstock und Leipzig. Manche Hotels hatten wenigstens ein Zimmer mit Wasserbett ausgerüstet. Anders das Hotel in Darmstadt, das sich mit seiner Spezialisierung einen Namen gemacht hatte. Die Temperatur des Wassers im Bett war regulierbar, mehr musste man vor der Bettruhe auch nicht beachten. Im Beitrag kamen nur Menschen zu Wort, die sich ein Leben ohne Wasserbett nicht mehr vorstellen konnten und bei Dienstreisen in diese Gegend nur im Darmstädter Hotel wohnten, selbst wenn sie hundert Kilometer entfernt zu tun hatten. Ich enthielt mich nach meiner ersten Wasserbett-Übernachtung der Stimme und entschied mich, die nächste Nacht wieder in einem normalen Bett schlafend zu verbringen.

In Frankfurt an der Oder bereitete sich Michael Zunk auf eine Bergbesteigung in Nepal vor. Nachts schlief er bei Minusgraden im Stadtpark, und am Tage belegte er das Treppenhaus im einzigen Hochhaus der Stadt. Im Schweiße seines Angesichtes bewältigte er mit immer besser werdender Kondition die 504 Stufen vom Erdgeschoss bis in die 24. Etage. Mit dem Fahrstuhl fuhr er wieder nach unten, um die Prozedur mit 20 kg Gepäck auf dem Rücken von neuem zu beginnen. Zehnmal hintereinander absolvierte er dieses Training, denn schließlich galt es, den 8.000 m hohen Manaslu zu bezwingen. Michael Zunk kehrte von dieser Bergtour nicht zurück. Die Seilschaft verunglückte – er tödlich. Mit der Erinnerung an seine außergewöhnliche Vorbereitung wollen wir des mutigen Bergsteigers gedenken.

Einen besonders langen Arbeitstag hatten wir im Februar 1995. Wir begleiteten die Person mit dem „längsten täglichen Arbeitsweg". Es war der Weg des Kurt Wilmerstedt aus Magdeburg, der bei der Deutschen Bahn in Berlin-Lichtenberg arbeitete. Per pedes, mit Straßenbahn, S-Bahn und Zug legte er täglich eine Strecke von 356 km zurück. Das waren im Jahr rund 90.000 km. Ob ihm bei diesen Strapazen beim Essen halbe Portionen gereicht hätten, ist zu bezweifeln.
Da „FdH" immer noch die beste Gewähr bietet, eine schlanke Figur zu behalten, setzten wir uns für alle ernährungsbewussten Mitbürger ein und forderten „Halbe Portionen" in den Gaststätten. In einigen war es bereits möglich, in den meisten nicht. Das Hamburger Nobelhotel „Vier Jahreszeiten" ging schon lange mit gutem Beispiel voran. Wir vermittelten die Erfahrungen der Gastronomen und freuten uns, dass sich Halbeportionen-Esser Max Schautzer auch in unserer Sendung dazu äußerte.

Die offenbar älteste Katze Deutschlands lernten wir bei Bäckermeister Nordmann in Eisenach kennen. Sie hatte das sagenhafte Alter von 28 Jahren erreicht. An ihrer Ermittlung beteiligten sich sage und schreibe mehr als 5.000 Zuschauer.

Aus einer Umfrage nach dem Ort mit den meisten Vereinen in den neuen Bundesländern ging Bleicherode als Sieger hervor. In der kleinen Stadt im Südharz waren insgesamt 58 Gruppen ins Vereinsregister eingetragen. Vertreter sämtlicher Vereine trafen sich zu einer Vorstellungsrunde auf dem Marktplatz, wo sie auch alle zu Wort kamen. Als Abgesandter in Doppelfunktion erhielt der Vertreter des Evangelischen Posaunenchores und des Arbeiterwohlfahrt Ortvereins die längste Redezeit.

Bekannte Persönlichkeiten werden bei ihren Fernsehauftritten vom Publikum besonders sorgfältig gemustert. Den Zuschauern war zuletzt aufgefallen, dass sich immer mehr männliche Prominente mit der Hand in der Hosentasche zeigten. Ein Mann, der sich in seinem Leben wie kein zweiter mit der Körpersprache beschäftigt hatte, kam bei einem Besuch der Hochschule für Musik und darstellende Kunst in Wien zu Wort – Professor Samy Molcho. Auch zu den

Händen in den Hosentaschen konnte er etwas sagen: Im rechten Körperteil drücke sich eher die rationale Seite aus, im linken eher der nicht kontrollierbare Gefühlsteil. Die westliche Gesellschaft, so seine Feststellung, baut auf das Rationale auf; um seine Gefühle zu verbergen, stecke man die linke Hand in die Tasche.

Auf Hände, die ein arbeitsreiches Leben widerspiegeln, schauten wir in Dresden. Auf die Frage, wer seine Wäsche noch mit dem Waschbrett wäscht, meldete sich die 101jährige Luise Rätzer. Als sie mit 84 Jahren ins Altersheim ging, durfte sie ihre Waschmaschine nicht mitnehmen und verkaufte sie. Nach zwei Jahren gefiel ihr das Leben im Heim nicht mehr, und sie suchte sich wieder eine kleine Wohnung, in der sie noch heute urgemütlich eingerichtet lebt. Nur eine Waschmaschine wollte sie sich nicht wieder zulegen für die paar Jahre, die sie sich noch ausrechnete. Nun waren es schon vierzehn Jahre geworden, in denen sie wöchentlich wenigstens einmal am Waschbrett stand. Vielleicht ist sie dadurch so alt geworden – wäre die Moral von der Geschicht'.

Es war nicht zu fassen, aber auf einer Postkarte stand schwarz auf weiß, dass ein 18jähriges Mädchen im 12. Schuljahr jeden Morgen von seiner Mutter mit der Baby-Flasche geweckt wird. In Kleinmühlingen wohnte Johanna, deren Onkel aus der Nachbarschaft uns das Geheimnis verraten hatte. Er bereitete auch vor, dass wir eines Morgens plötzlich auftauchten und Zeuge dieses Vorgangs werden konnten. Es gab ein großes Hallo, und zu unserem Erstaunen war Tochter Johanna bereit, vor der Kamera die Flasche bis auf den letzten Tropfen auszutrinken. Die Fläschchen bekamen ihr offenbar gut, immerhin war sie Landesmeisterin im Kunstradfahren geworden. Ihr Freund, der manchmal bei ihr schlafen durfte, hatte sich bereits damit abgefunden, dass er sich in ein „Flaschenkind" verliebt hatte.

Oft sieht man auf den Gewässern in und um Berlin, dass Rentner, aber auch andere Leute, den ganzen Sommer über auf dem Boot wohnen. Ein Herr namens Bernhard Kaczinski gehörte zu ihnen, von ihm war zeitweise nicht einmal bekannt, wo er sich gerade mit seinem Boot aufhielt. Wir fanden ihn im Hafen von Neukölln und sprachen zunächst über einige seemännische Dinge, weil er mit seinem Schiff die Weltmeere befahren wollte. Dann erst kamen wir zum eigentlichen Grund unseres Besuches. Wir hatten erfahren, dass der Herr Kaczinski sein eigener Zahnarzt war. Mit Bohrern, die er im Heimwerkerladen gekauft hatte und in eine herkömmliche Bohrmaschine spannte, bohrte er sich seine Zähne auf und versah sie mit herausnehmbaren Plomben. Er hatte nach großen Enttäuschungen mit Zahnärzten mit dieser Methode über Jahre hinweg gute Erfahrungen gemacht. Erst wenn er keinen Zahn mehr im Mund hätte und Zahnersatz benötigte, würde er wieder einen Zahnarzt aufsuchen, lautete sein abschließender Kommentar.

Meine Sympathien für die Fußballer von Dynamo Dresden habe ich schon oft unter Beweis gestellt. Vor der 135. „Außenseiter-Spitzenreiten"-Folge am 1. 7. 1995 gab es einen schmerzlichen Anlass, der uns bewog, das Kamera-Team in das Rudolf-Harbig-Stadion zu bestellen: letzter Spieltag der Bundesliga, letzter Spieltag für Dynamo Dresden im bezahlten Fußball. Mindestens hundert enttäuschte Dynamo-Anhänger äußerten sich vor der Kamera, und nur wenige davon konnten wir senden. Das komplette Umfrageergebnis steht bei uns im Archiv, so dass man sich bei Dynamo in besseren Zeiten wenn gewünscht, an diesen traurigen Tag erinnern könnte.

Dass man nicht ein unbeliebter Streber sein muss, um in der Schule einen Notendurchschnitt von 1,0 zu erreichen, konnten wir auch beweisen. Matthias Tschornak aus Wittichenau war der junge Mann, der nur die Note 1 kannte und sich in seiner Freizeit sogar noch einige Hobbys leisten konnte, wie das Trompetenspiel und den Chorgesang.

Obwohl in den Kaufhallen heutzutage wenigstens 20 verschiedene Sorten Senf angeboten werden, war der Marder-Senf aus Döbeln nur rund um seinen Herstellungsort zu bekommen. Torsten Wagner, der dort wohnte und in Freiberg arbeitete, hatte einmal zu einer Abteilungsfete im Deutschen Brennstoff-Institut diesen Senf mitgebracht. Seitdem bekam er in regelmäßigen Abständen von seinen Kollegen den Auftrag, Marder-Senf mitzubringen. Nachdem wir die kleine Herstellerfirma vorstellen konnten, begleiteten wir den Senf-Fahrer auf seiner Versorgungstour, die uns an längst vergessene Zeiten erinnerte.

Hans Moser, seines Zeichens freischaffender Kameramann, war mir schon seit einigen Jahren bekannt. Er ließ mir eines Tages ausrichten, dass sich in der Nähe von Erkner zwei Mädchen mit zwei Kühen angefreundet hatten, deren Herde vor ihrem Wohnhaus weidete. Nicht genug, im Laufe von fünf Monaten gelang es ihnen, die Tiere als Reitkühe abzurichten. Das notwendige Zaumzeug hatten sie sich anfertigen lassen. Zuletzt legten sie sich einen Parcours an, auf dem Hindernisse aufgebaut waren, die die Kühe bereits übersprangen.

Nun das Drama: die Tiere sollten geschlachtet werden. Gegen entsprechende Bezahlung allerdings waren die Besitzer bereit, die Kühe abzugeben. Wir fuhren nach Erkner, ließen die Mädchen erzählen, filmten die Kühe, vermittelten Bilder einer rührenden Freundschaft. In der Abendsonne ließen sich die Mädchen sogar von den Kühen in die kühlen Fluten eines Waldsees tragen. Das wirkte. Am nächsten Morgen meldete sich in unserem Büro die PLUMROSE GmbH, ehemals Eberswalder Fleisch- und Wurstwaren, und kündigte an, dass noch in der gleichen Stunde ein Scheck mit dem benötigten Betrag an die Mädchen geschickt wurde.

In Edermünde bei Kassel durften wir das Einfamilienhaus eines Ehepaares besichtigen. Die Verwandten aus Eisenach hatten es uns empfohlen, und wir bereuten unser Kommen nicht. In den Zimmern standen auf jedem Möbelstück Hunderte von Gegenständen verschiedenster Art. Nicht ein einziger Quadratzentimeter Platz war noch vorhanden. An Wänden und Gardinen hingen Bilder, Leuchter und Puppen. Es sah so aus, als hätten wenigstens zehn Souvenirgeschäfte ihren Warenbestand ausgestellt. Unvorstellbar, dass die Zimmer bewohnt werden konnten. Auf die Idee, sich in einem Museum zu befinden, kam man allerdings auch nicht, denn nirgendwo war Staub zu entdecken, regelmäßig wurde das Inventar gesäubert, wofür Frau Lux höchstpersönlich verantwortlich war. Sie hatte alles gesammelt und eigentlich wenig Zeit, weil sie täglich neun Stunden arbeitet – als Putzfrau in einem Krankenhaus.

Ab dem 4. Oktober 1995 wurde unsere Sendung mittwochs um 21.15 Uhr im MDR-Programm ausgestrahlt, und inzwischen hatte sich unser Team auf den vierwöchentlichen Senderhythmus so gut eingespielt, dass uns besonders ausgewogene Sendungen gelangen, für die sich unsere Zuschauer mit hoher Sehbeteiligung bedankten. Wir erreichten einen Marktanteil von 18,5 Prozent und hatten allein im Sendegebiet des MDR Spitzenwerte von 820.000 Zuschauern.

Dafür waren wir ununterbrochen auf Achse, beispielsweise nach Stuttgart, wo wir den Weltmeister im Stillstehen, Martin Bukovsek, trafen – 16 Stunden, 16 Minuten, 16 Sekunden seine Bestleistung. Martina Hausmann, die einzige Frau der Welt, die den Friedenslauf Nagasaki-Hiroshima über 430 km gewonnen hat und in die Rubrik Extremläufer einzuordnen ist, trafen wir in Würzburg. Einer der wenigen Pilotinnen der Lufthansa, Renate Achten, begegneten wir auf dem Flug zwischen Leipzig und Frankfurt und anschließend in der Fliegerschule Bremen.

Ein Glück, dass der Erfinder des Nasenspülbechers in Bad Salzungen wohnt und das älteste Schlagloch Deutschlands in Bad Frankenhausen zu finden ist – endlich etwas in der Nähe. Teilweise überschnitten sich die Termine derart, dass wir unseren Regisseur Bernhard Gerbsch zur Endfertigung einer Sendung im Schneideraum zurücklassen mussten und in Mini-Besetzung (Reporter, Kameramann und Techniker) zum Drehen fuhren.

Viel Anklang fanden die Bemühungen von Schuldirektor Michael Sandau in der Lutherstadt Wittenberg. Er hatte es sich in den Kopf gesetzt, aus dem Plattenbau-Gymnasium mit Hilfe von Friedensreich Hundertwasser ein Schulparadies zu schaffen. Mit ein paar Fernsehtricks ließen wir Zukunftsträume Wirklichkeit werden.

Ohne Tricks filmten wir bei Windstärke 9, wie Schornsteinfegermeister Skodda auf den höchsten Schornstein stieg, der gekehrt werden muss. Der Schornstein steht in Berlin Marienfelde und ist 175 Meter hoch. Der bereits an zwei

Stellen zitierte größte sächsische Fußballfan der deutschen Nationalmannschaft, Johannes Hase, wurde anlässlich des WM-Qualifikationsspieles gegen Bulgarien im Berliner Olympiastadion von Berti Vogts empfangen und konnte dann anschließend in der Ehrenloge das Spiel verfolgen. Das Ergebnis von 3:1 hatte er genauso vorausgesagt wie den Europameistertitel 1996 für Deutschland.

In diesem Jahr 1996, wendeten wir uns dem bevorstehenden Dixieland-Festival zu, für das man vor der Wende nur Eintrittskarten bekam, wenn man eine Wartegemeinschaft gründete. Es gelang uns, die größte Wartegemeinschaft noch einmal zusammenzurufen. Bis auf einen Herrn, der sich nicht vor der Kamera zeigen wollte, trafen 22 Damen und Herren ein, die sich 1989 zehn Tage und Nächte lang nach Karten angestellt hatten. Auf mitgebrachten Fotos zeigten sie, dass einige der Dauersteher das Warten an der Kasse zuletzt nur im Feldbett überstanden.

Denkmäler „führender Persönlichkeiten", die man in den neuen Bundesländern oder in anderen osteuropäischen Orten gerade abgerissen hatte, fanden wir im Park der Firma Kurz, Kunst- und Naturstein, in Gundelfingen bei Ulm.

Die größte Kondomsammlung besaßen Kinder bei Hannover, und der Hund, der regelmäßig Sauna machte, war die Westi-Hündin Cindy aus Magdeburg.
Wie und wo die Schlagersängerin Nina Lizell heute lebt, erfuhren wir in ihrem schwedischen Zuhause in der Nähe von Stockholm.
Dass noch etwa acht Personen in Deutschland, wie vor Jahren die osteuropäischen Regierungschefs, allerdings ohne Chauffeur einen Tschaika fahren, wissen wir seit dem Tschaika-Treffen 1996 in Leipzig.

Bevor das Jahr zu Ende ging, erreichten wir immerhin die 150. Sendung. Die Vorbereitungen liefen bereits seit Mitte des Jahres auf Hochtouren, weil wir uns für Mitwirkende vergangener Sendungen, die bei den Zuschauern in besonders guter Erinnerung geblieben waren eine Überraschung ausgedacht hatten. Wir recherchierten bei Freunden und Verwandten nach ihren Fernsehlieblingen und versuchten diese für einen Auftritt vor der Haustür unserer Kandidaten zu gewinnen. Bei dem Urberliner Hobbyzahnarzt Bernhard Kaczinski war es Max Raabe mit seinem Palastorchester und bei Stelzenoma Spottog der charmante Costa Cordalis. Auch die frech frivolen Collagen unseres Grafikers Helmut Merten gehörten schon lange zu den Favoriten unserer Zuschauer. Auch er hatte sich den Besuch eines Stargastes verdient, den aber wir für ihn ausgesucht hatten. Als plötzlich die Tür seines Ateliers in Neuenhagen bei Berlin aufging, und Amanda Lear ihm mit sinnlich erotischer Stimme ein Ständchen brachte, war selbst der Profi Merten überrascht und zeigte Wirkung. Dass unser Konzept für die 150. auch bei den Zuschauern ankommen würde glaubten wir fest, da es schon Stunden vor der Sendung zu einer Begegnung mit dem MDR Intendanten Udo Reiter, Fernsehdirektor Henning Röhl, Programmdirektor Wolfgang Vietze, Herstellungsleiter Knut Vietze und Unterhaltungchef Udo Foht kam. Der Mitteldeutsche Rundfunk gab sich die Ehre und hatte das „Außenseiter-Spitzenreiter"-Team aus Anlass der Jubiläumssendung zu einem kleinen Empfang eingeladen, bei dem die bereits fertig produzierte Sendung gezeigt wurde und in vielen Passagen größte Heiterkeit auslöste. Nach solchen Höhepunkten ist es oft schwer den Anschluss an den Fernsehalltag zu finden. Deshalb halten viele Kollegen überhaupt nichts davon, solche Jubiläen für Sondersendungen zu nutzen, die meistens anders gestaltet werden und vom bekannten beliebten Format abweichen. Unser Versuch ging jedenfalls nicht ins Auge, wie sich später herausstellte war es sogar der Auftakt für eine besonders erfolgreiches Jahr 1997 in dem wir erstmals 16 Sendungen zeigten, die im Sendegebiet einen durchschnittlichen Marktanteil von 14,7 % mit insgesamt 10 Millionen Zuschauern hatten. Und die konnten gleich in der Januarsendung das Puppenhaus des Dresdners Andreas Kunze bewundern, der im Korridor seiner Hochhauswohnung im Stadtteil Zschertnitz am wahrscheinlich größten Puppenhaus Deutschlands baute. Eine Gründerzeitvilla im Maßstab 1:12 fünf Meter lang, 2,60 Meter hoch und 70 cm tief. Wenigstens 2 Stunden am Tag beschäftigte sich der gelernte Autoschlosser, der damals für den Denkmalschutz arbeitet mit seinem Hobby. Drei Jahre später bei einem Zwischenbesuch war sein Werk noch nicht vollendet. Im Gegenteil: Auf seinem Schreibtisch lagen bereits die Skizzen für einen eventuellen Erweiterungsbau. Das „Guinessbuch der Rekorde" war für ihn keine Thema, darin hatte er lediglich gelesen, dass das weltgrößte Puppenhaus in Windsor Castle und das zweitgrößte im Legoland entsteht.

Ohne Farbfernsehen wären jedenfalls die Bilder von seinem Puppenhaus die wir zeigen konnten, nur die halbe Freude gewesen. Am Schluss dieser Sendung reichten wir die Frage weiter: „Wer sieht noch Schwarz-Weiß-Fernsehen?", und bekamen dazu mehr Post als erwartet. Drei Gruppen meldeten sich: Zuschauer die aus finanziellen Gründen nicht in der Lage waren, einen Farbfernseher zu kaufen. Sammler die sich bemühten ihre Schwarz-Weiß-Geräte möglichst lange spielbereit zu halten und Schwarz-Weiß-Fans die am Zweifarbenfernsehen mehr Freude hatten als am Bunten. Käte Kessel aus Suhl war so eine Person, die von der Fragestellung restlos begeistert war. Nach 26 Jahren hatte sie sich 1989 von ihrem ersten Schwarz-Weiß-Fernsehapparat „Stadion" mit 53 cm Bildröhre getrennt und sich einen neuen Schwarz-Weiß-Fernseher vom Typ „RFT Luxomat" mit 63 cm Bildröhre zugelegt. Sie bekam bei uns Gelegenheit von den gestochenen Schwarz-Weiß-Bildern zu schwärmen und die Qualität der Geräte zu loben. Herr Pollasch aus Mühlhausen konnte anschließend seine 15 selbst restaurierten Schwarz-Weiß-Geräte der 50er und 60er vorstellen und abschließend machten wir der Rentnerin Lieselotte Roch aus Löbau eine Freude. Sie war eine Vertreterin der größten Gruppe, die sich zum Thema Schwarz-Weiß-Fernsehen bei uns gemeldet hatte, Senioren mit geringer Rente. Sie bekam von uns einen Farbfernseher geschenkt, auf dem sie sich ihr Fernsehdebüt 10 Tage später in Farbe anschauen konnte.

Vielleicht war sie eine Sendung später von einem jungen Mann genauso begeistert wie wir. Thilo Roth aus Weimar hatte die neuen Reisefreiheiten auf seine Art genutzt und war mit seinem Wallach „Einstein" quer durch Europa geritten. In 201 Tagen schafften sie 6000 km. Er saß täglich 8-10 Stunden im Sattel und legte mit seinem treuen Begleiter 40-60 km zurück. Über einen uralten Pilgerpfad führte ihr Weg durch Frankreich, Spanien nach Sao Marcos da Serra in Südportugal. Die stärksten Eindrücke hinterließen bei Thilo das Leben in der freien Natur, die freundlichen Menschen die ihm begegneten und sein Pferd, dass ihm ans Herz gewachsen war. Hitze, Sturm und Kälte und ständig Gepäck und Reiter im Sattel überstand es die lange Strecke geduldig und trabte immer voraus.

Gern hätten wir dem sympathischen Naturburschen mehr Sendezeit eingeräumt, aber in Schlettau bei Halle an der Saale hatten wir eine Verabredung mit Lydia Lehmann und die hatte auch viel zu erzählen. Sie war mit 91 Jahren nach wie vor begeisterter Fußballfan ihrer Lieblingsmannschaft Bayern München. Sie verfolgte im Fernsehen alle Spiele, kannte alle Spieler, registrierte besondere Vorkommnisse z.B. wer, wann und wo eine gelbe oder rote Karte bekommen hatte. Wir richteten unseren Besuch bei ihr so ein, dass gerade ein Bayernspiel im Fernsehen übertragen wurde und konnten verfolgen, wie Lydia aufsprang wenn ihre Mannschaft ein Tor geschossen hatte. Zweimal war das der Fall, denn die Bayern gewannen das Spiel 2:0. Nach dem Schlusspfiff konnten wir ihre Begeisterung noch steigern, denn wir hatten an ihr Fernsehgerät einen Videorecorder angeschlossen und konnten so ein extra für sie aufgezeichneten Gruß, des damaligen Trainers Giovanni Trappatoni aus München übermitteln. Das Trikot mit den Unterschriften der Spieler, das er zum Schluss in die Kamera hielt, konnten wir der glücklichen Oma überreichen.

Ich erinnere mich gern an die perfekte, zuverlässige und verständnisvolle Zusammenarbeit mit der Geschäftsstelle des FC Bayern München, die diese Überraschung möglich machte.

Eine wesentlich jüngere Oma ergänzte eine Sendung, die bereits in diesem Buch beschrieben wurde und bei der es um den „toten Mann" auf dem Wasser ging. Erinnern Sie sich? Eine Schwimmerin erklärte damals, dass sie in dieser Lage schon einmal 30 Minuten geschlafen hätte. Nun zeigte uns die 55jährige Bademeisterin vom Schwimmbad Leinefelde, Ursel Kempe, dass sie ebenfalls ohne jegliche Bewegung eine beliebig lange Zeit auf dem Wasser liegen kann. Und auch sie behauptete, dass sie schon einmal eine halbe Stunde auf dem Wasser geschlafen hätte. Aber sie konnte noch mehr. Ihre schwierigste Wasserübung war Tauchen. Wir zeigten die „schwebende Oma" beim Kaffeetrinken und beim Zeitunglesen. Diese Bilder inspirierten mehrere Zuschauer, uns zu schreiben und sich für einen Fernsehauftritt zu bewerben. Wir konnten später weitere solcher Schwimmwunder vorstellen.

Sportlich ging es auch in Altenhain bei Chemnitz weiter. Dort spielten angesehene Kreisklassenfußballer des Ortes auf dem „schrägsten Sportplatz" der Welt. Mit dem benachbarten Vermessungsbüro Wuttke trafen wir uns an einem Spielsonntag, um offizielle Zahlen veröffentlichen zu können. Zunächst bewunderten wir die Spieler, die eine Halbzeit bergauf, die andere Halbzeit bergab spielen mussten. Nicht nur das: Auch seitlich hing der Platz wie eine Bogenlampe. Besonders bei Eckstößen mit Vor- und Nachteilen. Der nach dem Spiel diagonal gemessene Höhenunterschied sorgte für Schlagzeilen. Er betrug sage und schreibe 6,82 Meter. Wenn Sie den 10 Meter Sprungturm im Schwimmbad vor Augen haben, können Sie ermessen, was knapp 7 Meter bedeuten.

Aus der Frage ob man tatsächlich im Allgäu das Kamelreiten erlernen kann, ergab sich ebenfalls ein sehenswerter

Beitrag. Kamele die man am häufigsten bei ihrem Weg durch die Wüste sehen kann, tummelten sich hier vor schneebedeckten Berggipfeln. Christine Trettin-Errath hatte zu den Tieren am schnellsten Kontakt und durfte deshalb eine Ehrenrunde drehen und das Gespräch mit der anderen Christine führen, der Reitstallbesitzerin Christine Sieber. Sie bestätigte, dass sich die Tiere in dieser Gegend sehr wohl fühlten und zu einer echten Touristenattraktion wurden. In erster Linie deshalb, weil sie müde Wanderer auch traumsicher über beschwerliche Wege führten und ihren Reitern selten Probleme machten.

Auch in dieser wunderschönen Landschaft sind nach der Wende wahrscheinlich Wohnwagen gesichtet worden, deren Aussehen die meisten Betrachter überrascht haben wird. Es handelte sich um Wohnanhänger mit einer seltsamen ovalen Form. Weil sie nördlich von Leipzig in Bad Düben gebaut wurden, hießen sie im Volksmund „Dübener Ei". Wer Gelegenheit nahm, einen Blick ins Innere zu werfen, konnte eine gemütliche Ausstrahlung nicht verleugnen. So war für das „Dübener Ei" auch der Kosename „Knutschkugel" im Umlauf. Allerdings glaubte zwischen Rostock und Suhl niemand mehr daran, dass sich nach der Wende die „Campingfreunde Ost" noch lange mit diesem Gefährt in der Öffentlichkeit zeigen würden. Nur bei Harald Kuhlenkamp aus Bad Wilsnack stand fest, dass er seinem Wohnanhänger treu bleibt. Er konnte schon zu DDR-Zeiten mit ihm überall dort, wo es keine Ferienplätze gab, Urlaub machen. Er reiste wenigstens einmal im Jahr an die Ostsee und einmal in den Thüringer Wald. Er fuhr nach Tschechien und Ungarn und war mit seiner Unterkunft immer zufrieden. Er bat uns zu ermitteln, wie viele Campingfreunde noch mit dem „Dübener Ei" fahren und ob vielleicht sogar Fanclubs existierten. Sechs PKW mit dem ovalen Sonderling im Schlepptau bewegten sich nach unserem Aufruf am 25. Mai 1997 Richtung Bad Düben. Es kam zum 1. „Dübener Ei"-Treffen mit Adressen- Erfahrungs- und Ersatzteiltausch. Danach meldeten sich weitere Besitzer und zum 2. Treffen zwei Jahre später reisten bereits 27 Teilnehmer an. Bis heute ist es so, dass jeder Beitrag den wir senden eine Kettenreaktion auslöst und neue Vorschläge mit ähnlichen Angeboten eintreffen. So war es nach dem „schrägsten Fußballplatz" und dem „Dübener Ei". Fußball stand deshalb gleich noch einmal im Programm und wir mussten sofort handeln, ehe die Saison vorüber war. Sportfreund Herrmann aus Hohenwulch hatte uns einen Zeitungsausschnitt aus der Magdeburger Volksstimme geschickt, mit der Tabelle der Landesliga D Jugend Staffel 2, in der 12 Mannschaften spielten. Auf dem letzten Tabellenplatz glänzten die 11-12jährigen Fußballknaben aus Deetz/Lindau mit 0 Punkten und einem Torverhältnis von 0:314. Sie hatten gerade wieder ihr Punktspiel gegen die TSG Calbe mit 0:20 verloren. Ein Besuch dieser Mannschaft war für eine Sendung die sich „Außenseiter-Spitzenreiter" nennt einfach Pflicht. Ich habe gestaunt, über so optimistische Jungen, die mit ihrem Trainer eine geschworene Gemeinschaft bildeten. Wie waren der katastrophale Tabellenplatz und die Gelassenheit auf der andere Seite zu erklären. Da es in ihrer Altersgruppe zum damaligen Zeitpunkt im Umkreis keine weiteren Mannschaften gab, gliederte man sie einfach in die Staffel der 13-14jährigen ein, damit sie regelmäßig am Spielbetrieb teilnehmen konnten. Dort waren sie gerade in ihrem Alter den anderen körperlich eindeutig unterlegen und wurden jedes Mal förmlich an die Wand gespielt. Für die darauffolgende Saison war eine andere Lösung vorgesehen, die sie wieder mit gleichaltrigen Spielern zusammenführen sollte und dann wollten sie ihre Erfahrungen aus den Abwehrschlachten der Vergangenheit ausspielen. Darauf freuten sie sich ein Jahr lang und das gab ihnen die Kraft, die hohen Niederlagen zu ertragen. Unsere Reisewege wurden 1997 immer weiter.

Der MDR konnte schon Jahre über Satellit in ganz Europa empfangen werden und von überall her bekamen wir regelmäßig Post. Es bannten sich für das darauffolgende Jahr bereits konkrete Verbindungen nach Spanien und Holland an denn auch in diesen Ländern lebten Zeitgenossen, die in unsere Sendung passten. Zunächst aber hatten wir bei uns genügend zu tun. Wir düsten nach Heilbronn, um den Transport der Sixtinischen Madonna nach Zwickau zu organisieren.

Der in Süddeutschland lebende, uns schon bekannte Hobbymaler Erhart Rommer hatte sie neben anderen „Alten Meistern" kopiert. Zwickau war seine Geburtsstadt und dort sollten die Leute erfahren was ein Sohn der Stadt in der

Ferne in seiner Freizeit zustande gebracht hatte. Unter Anwesenheit des Oberbürgermeisters wurde das Bild im Museum aufgehängt und konnte kurze Zeit von den Zwickauern und den Gästen der Stadt begutachtet werden. Leider fand sich kein ständiger Platz für das Bild und unsere Idee damit den Grundstein für eine ständige „Volkskunstausstellung" zu legen, in der ständig Arbeiten von Talenten gezeigt werden, ging nicht auf. Den Zwickauer Kulturbossen war die Rommersche Madonna scheinbar zu schwach um die Brust.

Gabriele Hahn aus Erfurt war es völlig egal, wie sie von anderen eingeschätzt wurde und bekannte sich offen zu ihrem Spleen. Sie sammelte Plüschtiere für die Ausgestaltung ihres Autos. Das wäre natürlich noch nicht außenseiterreif gewesen aber als uns ihr Sohn mitteilte, sie hätte schon so viele Hunde, Katzen, Affen, Elefanten und Löwen in ihrem Auto, dass sie schon mehrmals von der Polizei gestoppt wurde, die eine verstärke Sichtbehinderung feststellte, sagten wir unser Kommen sofort zu. Nach dem Eintreffen am Katzenberg in Erfurt wo das Auto stehen sollte, bemerkten wir nur eine Menschentraube auf der anderen Straßenseite. Wir vermuteten richtig. Schaulustige hatten sich um einen Subaru versammelt, der scheinbar nur eine Person befördern konnte, nämlich den Fahrer. Alle anderen Flächen einschließlich Kofferraum waren mit Plüschtieren belegt. Zusätzlich hingen am Rückspiegel und an Seitengriffen noch einige ihrer Lieblinge.

Darauf mussten wir erst einmal einen trinken. Dazu hatte uns Kurt Rentsch aus Uhyst eingeladen. Der ehemalige Bergmann hatte noch 94 Flaschen Grubenschnaps aus alten Zeiten im Keller. Er meldete sich, weil einige Zuschauer wissen wollten, ob dieses edle Getränk noch irgendwo vorrätig ist. Eine Flasche bekamen wir geschenkt und die steht noch heute unangetastet im Souvenirregal unserer Redaktion.

Ohne Aufforderung meldete sich ein Rollerfahrerpärchen. Beim genauen Betrachten der Zuschriften stellten wir fest, dass wir für einen Besuch viel Zeit benötigen würden, denn sie war eine Oma die in der Steiermark lebte und er ein Pizzabote der auf Helgoland seine Runden drehte. Nacheinander haben wir doch beide aufgesucht. Die Oma war in den Bergen aufgewachsen und hatte den Roller schon als Kind bei ihren Fahrten über Berg und Tal schätzen gelernt. Als sie im Alter für den Kundendienst tätig wurde und regelmäßig Personen und Einrichtungen im Umkreis von 20 km aufsuchen musste, erinnerte sie sich an ihren Roller, mit dem sie damals dreimal die Woche beruflich auf Achse war.

Auf der Insel Helgoland ist nicht viel Platz. Die zwei Plateaus sind am bequemsten mit dem Fahrstuhl zu erreichen. Autoverkehr gibt es sowieso keinen und Fahrrad fahren ist verboten, weil man dem Besucher der Insel Ruhe, Bequemlichkeit und Sicherheit garantieren möchte. Nur ein Helgoländer reagierte betroffen. Er war beim Pizzabäcker angestellt und für die Belieferung der Telefonkunden zuständig. Er musste also möglichst schnell seine Ware an den Mann bringen. Der pfiffige Insulaner entfernte kurzerhand von seinem Fahrrad Tretkurbel, Kette und tauschte das Hinterrad gegen ein Vorderrad aus. Dann montierte er an den Rahmen eine Trittfläche und schon war aus dem Fahrrad ein Laufrad, also ein Roller geworden. Und Rollerfahren ist auf Helgoland erlaubt.

Inzwischen warteten auf dem Festland zwei Ereignisse auf uns die wir pünktlich, wahrnehmen mussten, denn an beiden waren mehrere Personen beteiligt. An der Hochschule der Künste in Berlin, war es Jutta Voß mit einer historischen Tanzformation, die uns das Tanzbild „ete" vorführen wollte. Viele Kreuzworträtselmacher hatten das Wort „ete" nicht mit Tanzbild sondern Figur der Quadrille erfragt und das war falsch. Später bemerkten wir, dass in einigen Kreuzworträtseln nur noch nach dem französischen Wort für Sommer, nämlich „ete", gefragt wurde. Ob es auf unsere Lehrstunde zurückzuführen war, haben wir nicht ermittelt.

Am 20. September 1997 mussten wir unbedingt pünktlich um 10.00 Uhr am Friseursalon „Neue Linie" in der Striesener Straße in Dresden eintreffen. Zu diesem Zeitpunkt sollte dort eine sehr originelle Idee verwirklicht werden. Am 10. Jahrestag der Eröffnung des Salons hatte man alle Kunden eingeladen die damals in einer langen Schlange vor dem Geschäft standen, um einen Friseurtermin zu ergattern. Schon Wochen zuvor hatte man vom einstigen Ansturm im Jahr 1987 ein großes Foto ausgehangen, damit sich alle wiedererkennen die zu den Kunden der ersten Stunde gehörten. Es entwickelte sich ein Volksfest. In gleicher Reihenfolge wie vor 10 Jahren formierte sich die Warteschlange und die Veranstalter konnten mit Freude registrieren, dass 80 % der Leute wiedergekommen waren. Auf dem

Vorplatz des Geschäftes standen zusätzliche Frisierplätze, um es zu ermöglichen, alle Kunden kostenlos zu bedienen. Da auch für das leibliche Wohl gesorgt war, dauerte die Fete bis in die späten Nachmittagsstunden.

16 Sendungen im Jahr bedeuten ca. 120 Drehorte zu besuchen. Wir waren ständig auf Achse, mit Auto, Bahn, Schiff oder Flugzeug. Stundenlanges Sitzen und damit wenig Bewegung waren allerdings die einzigen unangenehmen Begleiterscheinungen, denn es machte uns nach wie vor großen Spaß, den Hinweisen unserer Zuschauer nachzugehen. Familie Schneider aus Jena (4 Personen) hatte sich ihr Haus ohne fremde Hilfe selbst gebaut.

Alf Schmidt aus Hamburg, in Königshäusern oft gesehener Gast, wusste was die Queen in ihrer Handtasche aufbewahrt. Der Magdeburger Rolf Wille hatte den Dreidecker des Flugpioniers Hans Garde nachgebaut und stellte ihn bei uns erstmals im Fernsehen vor. Klaus-Peter Lindemann aus Nordhorn informierte uns, dass er die größte geschlossene Modellbahnsammlung „Ost" besitzt. In einem halben Jahrhundert hatte er über 2.000 Fahrzeuge zusammengetragen.

Aus Baden-Baden meldete sich Erika Kothe die offenbar alle Wildschweine in den Wäldern der Umgebung kannte. Während unseres späteren Besuchs zeigte sie uns unter freien Himmel einige Kunststücke, die sie den Tieren bei ihren täglichen Besuchen beigebracht hatte. Ihr größter Wunsch war es, beim Zirkusfestival in Monte Carlo aufzutreten.

In Willingen überzeugten wir uns, dass dort tatsächlich eine Kirche zum Restaurant umgebaut worden war. Dabei hatte man die Innenarchitektur nicht wesentlich verändert, sondern geschickt einbezogen. Die schönsten Plätze waren auf der Empore von der man das gesellige Treiben am besten beobachten konnte.

Um bauliche Veränderungen ging es auch bei dem Ehepaar Beck aus Klettstedt.

Weil beide nicht mehr gut zu Fuß waren, ließen sie sich einen Fahrstuhl ins Haus bauen. Da es sich um ein altes Bauernhaus mit den Stationen Keller, Erdgeschoss, 1. Obergeschoss und Boden handelte, wurden nach der Sendung bei uns von überallher die Bauzeichnungen angefordert.

Zwei zähe Burschen lernten wir Mitte 1998 kennen. Der eine war Torsten Seyffert aus Halle, der bei Wind und Wetter besonders den alten Leuten die Kohlen ins Haus brachte. Diese wiederum konnten sich oft aus Platzgründen vom Kohlenhandel keine großen Mengen auf einmal kommen lassen und 5 Zentner z.B. wurden nicht angeliefert. Inzwischen besaß Torsten 25 Hand- und Leiterwagen die er im gesamten Stadtgebiet bei verschiedenen Kohlenhändler stationierte. So war er in der Lage flächendeckend Aufträge entgegenzunehmen ohne extrem lange Wege gehen zu müssen. Meistens hatte er drei Handwagen aneinander gekoppelt und transportierte darin jeweils 2 Zentner Briketts. Für einen minimalen Aufpreis oft auch ohne jegliche Bezahlung brachte er sie bis in den Keller seiner Kunden. Auf unsere Fragen, ob er mit seinem Leben zufrieden ist, bekamen wir immer wieder die Antwort: „Ich bin gesund, habe ein warmes Zimmer, etwas zum Essen und werde ge-

braucht, was will man mehr." Einen zweiten Fußgänger der besonderen Art lernten wir in Bad Salzungen kennen. Auch er hatte mit Sicherheit in seinen Dienstjahren älteren Leuten geholfen. Nun war er Polizist im Ruhestand und hatte auch Zeit, an sich selbst zu denken. Das brachte ihm in kürzester Zeit ein Übergewicht von 40 kg ein und besonders das Treppensteigen bereitete ihm große Schwierigkeiten. Wahrscheinlich lag darin der Grund, warum er sich gerade das Treppenhaus für seine geplante Abmagerungskur aussuchte. 1994 startete er in der Hans-Baimler-Straße 10, wo er im 1. Stock wohnte, sein Trainingsprogramm. Täglich bewältigte er 2.500 Stufen das waren im Jahr 900.000 und zum Zeitpunkt unseres Besuches schon 3.600.000. Er hatte sein Normalgewicht von 75 kg wieder erreicht und konnte seinen zeitweiligen Umfang nur anhand von Fotos nachweisen. Sein Treppenmarathon wurde von mehreren Fernsehstationen Millionen von Zuschauern gezeigt und mit hoher Wahrscheinlichkeit hat er viele Nachahmer gefunden. Zu denen gehört auf jeden Fall Christine Trettin-Errath, die seit dem Treffen mit Enzmann nur noch Treppen steigt während ich Rolltreppe oder Fahrstuhl benutze. Es wird höchste Zeit, dass ich mich ihrem Verhalten anschließe, das ist 100%ig der Kommentar vieler Zuschauer an dieser Stelle.
Passive sportliche Aktivitäten zeichneten auch Reinhold Köpp aus Demen in Mecklenburg-Vorpommern aus. Wie unsere Bayernfan-Oma, von der schon die Rede war, verehrte auch er die Fußballer aus München. Immer, wenn sie spielten hisste er im Vorgarten seines Hauses die Bayernfahne und setzte sich vor den Fernseher um über Videotext den jeweiligen Spielstand zu erfahren. Eine andere Möglichkeit hatte er mit seiner ihm damals zur Verfügung stehenden Fernsehausrüstung nicht. Selbst vorbeifahrende Hansa-Rostock-Fans erkundigten sich bei ihm nach den Ergebnissen der Spiele oder grüßten ihn mit einem Hupsignal. Leider erinnerten wir uns damals nicht an die gute Unterstützung der Münchener Klubleitung die es ermöglicht hat-

te, unsere vernarrte Fußballoma mit Giovanni Trappatoni zu überraschen. Bestimmt hätte sie Herrn Köpp ins Olympiastadion eingeladen und den größten Bayernfan des Nordens begrüßt.

Nachdem wir in Sankt Märgen die Person kennen lernten, die am häufigsten nämlich 114 mal am gleichen Ort im Urlaub war, galt es auch für uns die Koffer für eine etwas längere Reise zu packen. Unsere kleine Fangemeinde im spanischen Calpe hatte viele Begebenheiten zusammengetragen aus denen man ihrer Meinung nach jeder Zeit eine abwechslungsreiche Sendung gestalten könnte. Initiator war der kleinste Jazzclub der Welt, kultureller Mittelpunkt und regelmäßige Begegnungsstätte vieler Deutscher, die rund um den Sunset Boulevard in Calpe wohnen. Geleitet wird der Club von Rommy Baker und seiner Frau Hille. Zur Verstärkung für unser Vorhaben hatten sich die beiden einen Tausendsassa geangelt, der im Zentrum der Stadt das Café Blümchen bewirtschaftete. Rainer Straubel sein Name – auch ein Deutscher, der schon viele Jahre in Spanien lebt und Calpe besser kannte als mancher Einheimische.

Im Direktflug ging es ab Berlin mit Lufthansa nach Valencia und dem Mietauto weiter in Richtung Alicante. Genau in der Mitte beider Städte liegt Calpe, mit einem reizvoll historischem Zentrum und schmucken Villengegenden am Stadtrand. An der Strandpromenade sind leider große Hotels gebaut worden die wie vielerorts nicht so recht in die Landschaft passen. Wahrzeichen dieser Gegend ist der 328 m hohe Ifach, ein Berg der uns in seiner Form an die Tafelberge in der Sächsischen Schweiz erinnerte. Kurz nach unserer Ankunft erfuhren wir, dass er zu besteigen ist und im vorgesehenen Programm eine Rolle spielt. Als weitere Drehorte waren der Fischmarkt und der Kaktuspark vorgesehen. Ferner das Kosmetikinstitut „Ana Pflum" und die Weinstube „Casa Aleluya" in den Bergen wo uns der Wirt seine Art Wein zu trinken vorführen würde. Er goss sich den Wein auf die Stirn und von dort bahnte der sich seinen Weg direkt in den Mund. Dann sollte ein Festzug stattfinden, wo wir Gelegenheit hätten, farbenfrohe historische Kostüme des Landes aufzunehmen und in der City wäre ein Straßenfest des MDR vorbereitet worden. Im Club hatte schließlich Rommy Baker einen Jazzabend mit dem George Watts Quartett organisiert. Der Hausherr, einst gefeierter Trompeter vieler bekannter europäischer Bigbands, konnte sich wegen Krankheit am Musizieren leider nicht beteiligen. Dafür hielt er im Verlaufe des Abends eine kurze Ansprache, die auch zu Herzen ging. Nach einem Klarinettensolo von George Watts mit Melodien von Benny Goodman trat er nach vorn, blickte hoch in den sternklaren Nachthimmel und sagte: „Ich weiß lieber Benny, dass du uns jetzt zuhörst und große Freude empfindest, dass wir deine Musik spielen." An diesem Abend erlebten wir eine weitere Überraschung. Unter den laufenden Nummern 98, 99, 101, 102 und 103 wurden Hans-Joachim Wolfram, Christine-Trettin-Errath, Regisseur Bernhard Gerbsch, Kameramann Roland Kretzschmar und Tontechniker Gerd Baum in die Mitgliederliste des Clubs eingetragen. Als ich mich erkundigte warum die Nummer 100 nicht vergeben wurde, erfuhr ich, dass sie für einen Mann reserviert ist, dem sie inzwischen auch zugeordnet wurde. Dem Hobbysaxophonisten Bill Clinton. Neben dieser Information bekam ich kürzlich auch die Mitteilung, dass Rommy Baker wieder gesund ist und mit eigener Band zu seinem 50. Berufsjubiläum 2002 ein Swingkonzert gegeben hatte.

Auf zwei weitere Ereignisse möchte ich kurz eingehen, zunächst auf die Besteigung des Ifach. Der von der Landseite mit seinen Steilwänden nicht bezwingbare Berg hatte ein Geheimnis. Ein Tunnel der die mutigen Wanderer auf die Meerseite brachte, machte es von dort aus möglich. Als wir am Ausgang des Tunnels angelangt waren, trauten wir unseren Augen kaum. Tief unter uns lag das Meer und nach oben gingen keine Wege sondern markierte Quergänge mit Eisenketten an denen man sich festhalten konnte. Einige Abschnitte waren nur durch Kaminkletterei zu bewältigen. Nur auf einem kurzen Stück konnte man von zumutbaren Bedingungen sprechen.

Ein großes Lob verdiente sich Kameramann Roland Kretzschmar, der den Auf- und Abstieg mit der Kamera absolvierte, ohne ihr Schaden zuzufügen. Die von oben auf die Stadt aufgenommenen Bilder waren sehr gut. Von unseren Heldentaten beim Auf- und Abstieg gab es leider aufgrund des geschilderten Schwierigkeitsgrades keine Aufnahmen.

Inzwischen hatte sich auch meine Moderatorenkollegin entschlossen, an einer Mutprobe teilzunehmen. Im Kosmetikinstitut „Ana Pflum" sollte der Frage nachgegangen werden: „Wie beseitigt man Gesichtsfalten?" Für die Demonstration hatte sich Christine bereit erklärt, ihr Antlitz zur Verfügung zu stellen. Aus der Fachliteratur wussten wir schon, dass sie dabei mehrere Nadelstiche aushalten muss, um einen sichtbaren Erfolg zu erreichen. Die Prozedur dauerte mehrere Stunden und wir waren auf das Ergebnis gespannt. Beim Betrachten der Aufzeichnungen stellten wir Männer fest, dass sich der Gesichtsausdruck von Christine nach der Behandlung verändert hatte. Sie fühlte sich zwar wie neu geboren, konnte aber unsere Feststellung nicht teilen. Viele Zuschauer hingegen waren ebenfalls vom Experiment überzeugt und erkundigten sich nach der Sendung zahlreich, wie man die geschickte Kosmetikerin erreichen kann. Calpe war eine Reise wert und ich hoffe, dass die These „man trifft sich immer zweimal im Leben" stimmt.

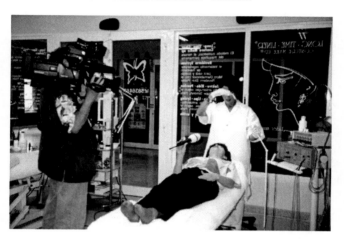

Das wünschte ich mir auch im Falle des jungen Grafikers Harry Martin aus Bruchsal, der uns eine total verrückte Geschichte lieferte. Seit 20 Jahren bemalte er nach seinen Vorstellungen die Rückseite gekaufter Briefmarken und frankierte damit Briefe und Postkarten die er an seine Adresse schickte. Von den bisher 400 angefertigten trafen die meisten abgestempelt bei ihm ein. Die Post drückte oft ein Auge zu, wenn sie den Schwindel, der kein Schwindel war, da und dort entdeckte. Denn der Gegenwert jeder verwendeten Briefmarke war ja ordnungsgemäß bezahlt. Ich erinnere mich an seine Gedenkmarken „100 Jahre 1.Mai" oder „200 Jahre 2.Mai" genauso gern, wie an seine Sondermarken zum 50. bzw. 75. Geburtstag von Jürgen von der Lippe bzw. Horst Tappert. Ich bin jedenfalls brennend interessiert, seine neusten Kreationen schon bald kennen zu lernen.

Die Begegnung mit dem Berliner Theaterwissenschaftler Torsten Körner förderte eine Filmrarität zu Tage, die wir unseren Zuschauern zeigen konnten. Er selbst kam zu Wort, weil er eine Doktorarbeit über den Schauspieler Heinz Rühmann schrieb. Selbstverständlich konnte er aufgrund seiner Recherchen sofort bestätigen, dass Rühmann immer gut vorbereitet am Drehort erschien und selten wegen ihm eine Szene wiederholt werden musste. Bis auf ein Beispiel, dass zu den Schätzen des Babelsberger Filmarchivs gehört. Von dort bekamen wir eine Kopie von den Dreharbeiten zur „Feuerzangenbowle" und tatsächlich, in der wohl heitersten Szene des Films der Alkoholverkostung im Schulunterricht überkommt Rühmann plötzlich das große Lachen. Offenbar, weil seine Mitschüler die Wirkung eines winzigen Schlucks so glaubhaft übertrieben, dass er selbst keine Steigerungsmöglichkeiten mehr sah. In welcher Schule der Film gedreht wurde, hatten wir schon vorher direkt über Rühmann erfahren. Die „Feuerzangenbowle" entstand ausschließlich im Atelier und dem Freigelände in Babelsberg.

Unsere Zuschauer sind unsere Korrespondenten, denen nichts entgeht. Wer sich mit einem Trabant auf die Straße wagt, der nur als Kutsche dient und von einem Pferd gezogen wird, muss damit rechnen, dass er uns gemeldet wird. Simone Jahnke aus Dranse war in diesem Fall so freundlich und erfand zum Tatbestand noch gleich eine Frage: „Wo fährt das ökologischste Fahrzeug?" Wir wussten es nun und begaben uns deshalb nach Zootzen bei Wittstock zu Heinz Hefenbrock der ständig dabei war Haus und Hof zu modernisieren. Von seinem Pferd und seinem Trabant wollte er sich nicht trennen und war deshalb auf die Idee mit der

Kutsche gekommen. Er hatte den Motor ausgebaut, die Vorderachse mit einer Deichsel verbunden und die Frontscheibe entfernt, damit man die Zügel in den Innenraum führen konnte. Da sich auch das Pferd bereitwillig anspannen ließ, konnte er schon bald zu den ersten Testfahrten aufbrechen. Später hatte der Forsthelfer sein Gespann auch für Dienstreisen eingesetzt und fuhr damit geschützt von Wind und Wetter durch die Wälder der Region. Auch zu mehrstündigen Kaffeefahrten gemeinsam mit seiner Ehefrau war es schon mit der umweltfreundlichen Nobelkarosse gekommen.

Ein Zuschauer aus dem Rheinland schrieb uns, dass vier Männer aus Ostsachsen den östlichsten Punkt Deutschlands ermittelt und mit einem beschrifteten Stein markiert hätten. Darüber waren wir erstaunt und bedauerten, dass man uns als Mittelpunkt-Experten nicht in das Unternehmen einbezogen hatte. Uns blieb nur übrig, die vier Männer ausfindig zu machen und mit ihnen den östlichsten Punkt Deutschlands aufzusuchen. Zwei Mitglieder des Quartetts wohnten in Zentendorf dem östlichsten Ort Deutschlands, einer von ihm im östlichsten Haus Deutschlands in unmittelbarer Nähe vom östlichsten Punkt Deutschlands. Das geodätische Institut der Technischen Universität Dresden, dass uns immer in solchen Fällen unterstützte, übermittelte uns noch vor der Ausstrahlung die geographischen Koordinaten von Zentendorf, damit Reiselustige den Weg dahin auch finden.

Geographische Breite (Abstand vom Äquator)

51 Grad 16 Minuten 40 Sekunden nördliche Breite

Geographische Länge (Abstand vom Nullmeridian in Greenwich)

15 Grad 02 Minuten 10 Sekunden östliche Länge

Mit den vier Männern haben wir uns versöhnt und am Markierungsstein auf die Zukunft angestoßen, in der vielleicht ein paar mehr Touristen diese wunderschöne Gegend besuchen werden. Auch in unserer Sendung wurde dieser Zeit eine Art Denkmal gesetzt. Der Münchener Fotojournalist Wolfgang Maria Weber hatte ein Buch über die Deutsche Fernsehgeschichte in Ost und West in Vorbereitung, in dem auch „Außenseiter-Spitzenreiter" in Bild und Wort berücksichtigt war. Weil er noch ein aktuelles Foto vom Team benötigte, wurde ein Zusammentreffen vereinbart, das deshalb bei ihm stattfand, weil er sich als leicht verrückten Fernsehfreund bezeichnete, der bis dahin ca. 300 antike Flimmerkisten auch frühere DDR-Geräte für seine Sammlung zusammengetragen hatte. Damit war er reif für unsere Sendung. Selbstverständlich haben wir seine Fernseher unseren Zuschauern längst gezeigt und sein Buch steht in meinem Bücherschrank. Etwas übertrieben betrachtet war damit ein weiteres Beispiel der gegenseitigen Wertschätzung von Bayern und Sachsen deutlich geworden. Bis sich auch „TV-Total" bei uns zum ersten Mal meldete vergingen noch vier Sendungen in denen wir unter anderem die erste deutsche Skispringerin Michaela Schmidt aus Schönwald im Schwarzwald vorstellen konnten, die gerade bei den Juniorenweltmeisterschaften 1998 in Sankt Moritz mit einer Weite von 92,5 Metern den dritten Platz belegt hatte. Ihre

Bestweite betrug sogar 98 Meter.

Aufsehen erregten Metalldessous von Klempnermeister Jochen Hennig aus Marbach im Erzgebirge, die Nussknacker und Weihnachtspyramiden in den Schatten stellen sollten und endlich erfuhren unsere neugierigen Zuschauer bei uns, was es mit dem „Hornberger-Schiessen" auf sich hatte.

Der Herzog von Württemberg meldet sich bei einer Reise durch das Land auch zu einem Besuch in Hornberg an. Dort waren sich die Bürger der hohen Ehre bewusst und wollten den Gast mit Böllerschüssen begrüßen. Der Wächter auf dem Schlossturm sollte ein Hornsignal geben, wenn sich der Konvoi näherte. Als das Signal ertönte, schoss man aus allen Rohren und musste bald enttäuscht feststellen, dass nur eine Rinderherde den Staub aufgewirbelt hatte. Nachdem das Horn zum zweitenmal ertönte und erneuter Kanonendonner einsetzte, war der anschließende Schreck noch größer, als man merkte, dass es auch diesmal nicht der Herzog war. Als er dann wirklich eintraf war das Pulver verschossen und die gewitzten Hornberger stellten sich auf und begrüßten den Herzog mit einem lautstarken „Piff, paff".

Am Städtebundtheater in Hof war die junge Sängerin Sarianna Salminen aus Finnland engagiert. Schon bald entdeckten die Kollegen, dass sie einen schwarzen Pudel hat, den sie zu den Proben mit ins Theater brachte. Wenn sie für sich alleine übte, durfte der Hund sogar dabei sein. Nun wissen alle Hundebesitzer, dass Hunde auf verschiedene Töne (Feuerwehrsignale, etc.) lautstark reagieren. Bei unserem Pudel waren es die hohen Töne die Frauchen von sich gab. Sie bewegten sich genau auf der Frequenz, die er nicht ertragen konnte. Trotzdem bemühte er sich bei den Proben, gerade diese selbst zu treffen. Das gelang ihm mit der Zeit immer besser und so entstanden Duette von hohem musikalischen Wert. Intonationsschwierigkeiten der Sängerin oder des Hundes waren durch den „Synchrongesang" nicht zu hören. Die Fachwelt staunte, auch Stefan Raab, der Frau Salminen nebst Hund in seine Sendung „TV-Total" holte. Auch dort überzeugten beide und bekamen einen „Raab der Woche" und wir als Zulieferer eine Urkunde. Eine zweite bekamen wir kurze Zeit später als wir die Rückwärtssängerin Katja Nick aus Berlin neu entdeckten. Auch sie brillierte bei der Konkurrenz und bekam den „Raab der Woche". Es gibt eben viele Möglichkeiten, Mitwirkende für eine Sendung zu gewinnen. Ich möchte noch einen anderen Hund nennen den wir bewundern konnten und dem wir auch eine zweite Chance gegönnt hätten. Leider hatte er nur einen großen Fernsehauftritt. Wenn sie ihn noch einmal bewundern möchten, das ist zwar ganz kurz aber regelmäßig im Vorspann unserer Sendung möglich, wo er einen Ehrenplatz bekommen hat. Es handelt sich um die fliegende Hovawarthhündin „Dina", die mit spezialangefertigter Ausrüstung schon zahlreiche Flüge auf dem Vorderplatz eines Doppeldeckers überstanden und sich auch als Co-Pilot im Ultraleichtflugzeug bewährt hatte.

Das Hotel Tanne in Saalfeld hatte derweil ohne Aufpreis zum Zimmerservice gehörend einen Erotikkanal freigeschaltet und wir unsere höchste MDR Einschaltqoute erzielt, ohne dass es zwischen beiden Ereignissen einen Zusammenhang gab. Die Sendung vom 06. Oktober 1999 kam im Sendegebiet Sachsen, Sachsen-Anhalt und Thüringen auf einen Marktanteil von 24,7 % und erreichte eine Million und 40.000 Zuschauer.

Diese konnten sich unter anderem am kleinsten Wohnmobil erfreuen und den von Ernst Schönherr in Bestenrade aus Holzscheiten nachgestellten Untergang der Titanic bewundern.

Auch ein Treffen der ehemaligen Serviererinnen des Cafés im Berliner Fernsehturms anlässlich seines 30. Geburtstages strahlte viel Fröhlichkeit aus. Nach diesem Höhenflug stand es uns gut dort anzuknüpfen wo in aller Bescheidenheit gearbeitet wird und nur entscheidend ist, was am Ende dabei herauskommt. Und da war uns der verdienstvolle Bürgermeister Dietzel vom Dorf Kroppen, das zur Amtsgemeinde Ortrand gehört, mit seiner Geschichte gerade der Richtige. Er arbeitete im kleinsten Bürgermeisterbüro Deutschlands. Auf einer Fläche von knapp 6 m² hatte er seinen Regierungssitz einrichten müssen. Nun kam noch das Fernsehen und im Amtszimmer mussten zusätzlich Kamera und Licht aufgebaut werden. So kam der Vorschlag, das Leichtgewicht Christine am besten auf dem Schoß des Bürgermeisters sitzen könnte, um das Gespräch zu führen. Probiert und fotografiert wurde diese Variante, aber in den Arbeitsalltag des Bürgermeisters wird sie nicht Einzug gehalten haben.

Langsam näherte sich das Jahr 2000 und überall wurde diskutiert, ob damit die Jahrtausendwende bevorstehen würde oder erst dann wenn das Jahr 2000 vollendet wäre. Wir beteiligten uns nicht und waren uns sicher, dass die Leute mehr das Jahr 2000 feiern und begrüßen werden, als die Jahrtausendwende. So kam es dann auch und wir waren gut beraten, dass wir uns für die erste Sendung im Jahr 2000 mit unserem Milleniumtrio verabredet hatten. Es handelte sich um die Herren: Emil Geschke 103 Jahre, Arno Wagner 105 Jahre und Georg Bredtschneider 107 Jahre. Sie gehörten auf jeden Fall zu unseren ältesten Zuschauern obwohl eine Recherche ergab, dass es im Sendegebiet im Jahr 2000, 839 Frauen und 261 Männer über 100 Jahre lebten. Die meisten ältesten Menschen gibt es übrigens im Bundesland Hessen. Dort waren es 945 Frauen und 452 Männer über 100. Unsere drei Senioren waren alle in unserer Sendung schon aufgetreten, aber waren sich persönlich noch nicht begegnet. Das Dresdner Hotel „Kempinski" hatte ein Treffen im Taschenbergpalais ausgestaltet und wir konnten mit den fröhlichen drei Herren ein paar schöne Stunden verbringen. Emil Geschke und Georg Bredtschneider sind zwischenzeitlich verstorben, Arno Wagner hatte im Jahre 2002 seinen 108 Geburtstag gefeiert, zu dem wir ihm persönlich gratulieren konnten. Seine Sehkraft hatte nachgelassen, sein Temperament und seine Beweglichkeit nicht. Er hinterließ den gleichen Eindruck wie zu seinem 100. Geburtstag an dem wir uns kennen gelernt hatten.

Den ehemaligen Fußballschiedsrichter Bernd Heynemann aus Magdeburg kennen wir natürlich auch. Er vermittelte uns eine interessante Begegnung mit Winfried Baaser in Trechtingshausen am Rhein, der zu nachstehender Frage am besten Auskunft geben konnte. „Mit welchen Pfeifen

pfeifen Schiedsrichter?" Seine Firma „Allzweck Sportartikel" rüstete weltweit die Schiedsrichter komplett aus, so einst auch Heynemann. Über den verwendeten Pfeifentyp lässt sich nur so viel sagen, dass er einen störungsfreien Einsatz garantiert, obwohl durchgesickert ist, dass einige Schiedsrichter eine Ersatzpfeife bei sich tragen. Auf der Heimfahrt erfreuten wir uns an den gelben und roten Karten, die wir zur Erinnerung geschenkt bekamen und zeigten sie jedem Kraftfahrer der uns durch verkehrswidriges Verhalten aufgefallen war.

Einem Fahrzeug mit dem polizeilichen Kennzeichen "BÜS" waren wir nicht begegnet. Auf seine Existenz machte uns erst später Knut Seume aus Merseburg aufmerksam, der schon herausbekommen hatte, dass die drei Buchstaben für den Ortsnamen Büsingen standen, einem Dorf im Süden Deutschlands. Nur konnte er sich nicht erklären, warum ein kleiner Ort eine eigene Kennung hat, während sich in Deutschland ganze Regionen auf einen Nenner einigen müssen. Im Verlaufe einer Rundreise konnten wir einen kurzen Stopp in Büsingen einlegen. Die Viertelstunde die ich auf den Bürgermeister warten musste, bleibt mir unvergessen. Büsingen liegt am Hochrhein, also noch vor dem Rheinfall von Schaffhausen. Das Wasser ist klar und man kann vom Ufer aus erkennen, dass der Fischbestand groß ist. Ich hatte mir in einem geschlossenen Gartenrestaurant einen Stuhl aufgeklappt und beobachtete bei wunderbaren Frühlingswetter die Natur. Plötzlich trat der Wirt aus dem Haus und fragte, ob er für mich etwas tun kann. Ich erklärte ihm den Grund meines Aufenthaltes und erwähnte vielleicht am Rande, dass ich Weinfreund bin und staunte nicht schlecht, als er mir einen Mersburger Spätburgunder Weißherbst trocken servierte.

Die Mersburger Weine verehre ich besonders, weil sie den sächsischen sehr ähnlich kommen. In bester Laune traf ich kurze Zeit später auf Bürgermeister Gunnar Lang der mir erklärte, dass die Sonderstellung von Büsingen damit begründet ist, dass es zwischen der Schweizerischen Eidgenossenschaft und der Bundesrepublik Deutschland einen Vertrag über die Einbeziehung der Gemeinde Büsingen in das schweizerische Zollgebiet gibt, ohne das damit ihre politische Zugehörigkeit zur Bundesrepublik beschädigt wird. Deshalb bekam Büsingen auch ein eigenes Kennzeichen.

Um Sicherheiten ging es auch als wir eine Bahnschranke in der Nähe von Bautzen besichtigten. Es war unanfechtbar die sicherste die wir je gesehen hatten. Es war eine sinnlose Schranke, da es keine Straße mehr gab, die an dieser Stelle die Gleise kreutzte. Sicherheitshalber hatte man im Bereich der Schranke auf beiden Seiten einen Wall aufgeschüttet, damit auch Fußgänger die Sperrung nicht umgehen und die Bahnlinie überqueren können.

Jedes Mal erlebten wir eine absurde Situation wenn sich ein Zug näherte. Erst blinkte das Rotlicht und dann erklang der Warnton und schließlich senkte sich die Schranke. Der Zug raste vorüber, die Schranke öffnete sich, das Rotlicht erlosch und das passierte 30-40 mal am Tag. Mit einem der sich daran gewöhnt hatte, konnten wir sprechen. Er lebte viele Tage im Jahr direkt an der Schranke in seinem Wochenendhaus und konnte verfolgen wie diese regelmäßig von der Deutschen Bahn gewartet wurde. Seine Eingaben hatten bisher keine Beachtung gefunden und so wird sie sich noch heute jährlich rund 15.000 mal Gott zu Ehren öffnen und schließen.

Von einem anderen bedeutenden Bauwerk erfuhren wir in einem Brief aus Crimmitschau, in dem uns mitgeteilt wurde, dass sich in Globasnitz im Bereich Sankt Kanzian in

Kärnten Johann Elbe in 23jähriger Bauzeit nach eigenen entwürfen ein Schloss gebaut hat. Bis jetzt sind wir vor anstehenden Fahrtkilometern in keinem Fall zurückgeschreckt. Es bahnte sich wieder für unseren Techniker Gerd Baum eine Bewährungsprobe an, denn er fährt uns seit Jahren in einem Chrysler Kleinbus sicher zu den Drehorten. Wenn sich der Rest der Truppe nach getaner Arbeit ins Polster drücken und auch einmal die Augen schließen kann, muss er uns wenigstens noch ins nächste Hotel fahren. Er ist ein nimmermüder, zuverlässiger Kollege, der noch vor der Fahrt nach Kärnten hier gelobt werden soll. Wir sind auch diesmal gut angekommen und waren vom Anblick des Schlosses überwältigt. Der Bauherr hatte seiner Frau am Hochzeitstag versprochen, ihr ein Haus zu bauen. Dass es fast bis zur Silberhochzeit dauern würde, ehe es fertiggestellt war, hätte er damals nicht gedacht. Er baute eben ein richtiges Schloss, nicht nur von außen. Kronleuchter, verzierte Treppengeländer, Stuckdecken, Gemälde in kostbaren Bilderrahmen, Möbel im antiken Stil, alles hatte der bescheidene Universalhandwerker selbst angefertigt. Wir bereuten unser Kommen nicht und da der Mann den Familiennamen Elbe trug, war es leicht, eine Überleitung zu Herrn Pech aus Dresden zu finden. Der nämlich hatte in unserer Sendung aufgerufen, dass sich alle Personen mit dem Namen Manfred Pech bei ihm melden sollten. So war es schon zu einem kleinen Treffen der „Pechvögel" in der Elbestadt gekommen.

Das zweite Treffen sollte etwas größer aufgezogen werden. Da es in der Nähe von Bonn auch einen Ortsteil in der Gemeinde Wachtberg mit dem Namen Pech gibt, waren dahin Verbindungen aufgenommen worden, mit der Bitte die geplante Zusammenkunft auszurichten. Man war bereit und im Juni 2000 kamen 26 Bundesbürger mit dem Namen Manfred Pech und ihren Angehörigen nach Pech. Unter anderem aus Hamburg, Bamberg, Münster, Bautzen, Pforzheim, Osterhofen und Kaufbeuren. Alle waren erstaunt, als sich herausstellte, dass der wohl bekannteste Einwohner Pechs der ehemalige Außenminister der Bundesrepublik Deutschlands Hans-Dietrich Genscher ist. Er ließ es sich nicht nehmen, alle Gäste zu begrüßen und versicherte uns vor der Kamera, dass er es in seiner Amtszeit nicht unbedingt jedem erzählt hatte, dass sein Wohnsitz in Pech ist.

In diesem Zusammenhang sei es auch auf internationaler Plattform zu keinen Debatten gekommen. Fragen und Tipps wechselten in bunter Vielfalt. Wir besuchten Professor Bernhard Heisig der uns zeigen sollte, mit welcher Technik ein Selbstportrait gemalt wird. Wir unternahmen eine Stippvisite ins SAT1 Studio und verfolgten die Vorbereitung der Sendung „Vera am Mittag". Sendereif absolviert Ulf Oswald sein Warm-Up und half uns eindrucksvoll, eine Frage zu beantworten, die uns oft geschickt wurde: „Warum wird bei manchen Sendungen vom Publikum immer an der richtigen Stelle gelacht, geklatscht oder getrampelt?"
Wir beleuchteten leider verspätet einen Husarenstreich von Hans Traxler aus Frankfurt am Main, der schon in den 60ziger Jahren ein Büchlein in Umlauf brachte, in dem er glaubhaft nachweisen konnte, dass die Geschichte von

„Hänsel und Gretel" eigentlich ein Kriminalfall war. Danach haben die Eltern und die Kinder den Mord an der Hexe kaltblütig geplant, da sie die einzige war, die das begehrte Pfefferkuchenrezept kannte. Das Motiv für seine Irreführung waren die amerikanischen Kriminalstories mit denen in den 60ziger Jahren das Land überschwemmt wurde. Diesen wollte er eine bodenständige Geschichte entgegensetzen.

Zwölf junge Männer über 2 m Körpergröße, mit einer Gesamtlänge 24,93 m und einem Gewicht 1108, 5 kg hatten in einem Trabant Platz und sechs Herren in einem Hubschrauber. Dass beide Verkehrsmittel zum Einsatz kamen, hatte seine volle Berechtigung. Die einen wollten darin einen neuen Rekord demonstrieren, die anderen als vermeintliche Ölscheichs standesgemäß anreisen.

Dann ist noch ein junges Mädchen zu erwähnen, das wir schon einige Zeit suchten. Es hatte zu DDR Zeiten bei einem James Last Konzert im Palast der Republik die Fesseln gesprengt, war auf die Bühne gestürmt und in freier Improvisation getanzt. Die Musiker waren begeistert, das Publikum auch und nun konnten wir endlich die junge Frau Tatjana Wehmeier in Dresden persönlich kennen lernen. Sie

180

hatte nur eine Begründung für ihren damaligen Ausbruch. „Mich hat bei der tollen Musik nichts mehr auf dem Platz gehalten, ich musste einfach dazu tanzen." Nix Provokation – alles normal.

In Kiel stand ich kurze Zeit später Udo Schulz gegenüber, der bei einer Messung per Intelligenztest einen IQ von 143 erreicht hatte. Gern hätte ich gewusst, wie unser neuer Schnittmeister Bruce Hackforth bei einem solchen Test abschneiden würde. Ihn hatten wir genau vor einem Jahr angeheuert, der gebürtige Kanadier, im Westen groß geworden, hatte sich durch sein Einfühlungsvermögen schon bei allen Kollegen große Sympathien erworben. Was er aber am Schneidetisch ablieferte, übertraf alle Erwartungen. Redakteure und Regisseure anderer Fernsehstationen wussten es bereits vor uns. Bruce spielt am digitalen Schneidetisch Klavier, obwohl er daran viel mehr Tasten, Knöpfchen und Regler zu bedienen hat. Kein Ding ist unmöglich. Selbst Buchstaben kann er aus gesprochenen Sätzen austauschen und das macht er in einem Tempo, dass man glaubt, er kann damit auch den Rechner zu Höchstleistungen anspornen. Dass Genies bei IQ-Messungen Spitzenwerte erreichen, ist noch nicht bekannt geworden. Wir wünschen uns weitere gute Zusammenarbeit. Gerade hatte unser Schnittmeister die Aufgabe bekommen, selbstverständlich nach redaktioneller Vorgabe, aus 30 Minuten 4 Minuten zu machen. Beim Finale im Wettbewerb um die beste Sülze in Delitzsch hatten wir tatsächlich eine halbe Stunde aufgezeichnet. Daraus ergibt sich immer der komplizierteste und zeitlich aufwendigste Teil unserer Arbeit. Kürzen und Montieren ohne die Substanz zu beschädigen und die Mitwirkenden zu enttäuschen. Das gelingt nach Meinung der Zuschauer immer besser seit wir einige Szenen und Übergänge mit passenden oder originellen Musiken raffen und kommentieren. Der Name Bernhard Gerbsch wurde bereits vielen mitgeteilt, die sich informiert hatten, wer in unseren

Sendungen für die musikalische Gestaltung zuständig ist. Geniale und originelle Erfindungen waren lange Zeit auch ein Privileg unserer Sendung bis der MDR, deren Hintermännern eine eigene Sendung schenkte. Ein ferngesteuerter Rasenmäher war für uns übrig geblieben. Dirk Hennig, in der Nähe von Hannover zu Hause, hatte ihn entwickelt und bediente ihn während der Dreharbeiten auf Wunsch vom Liegestuhl aus.

Ins Hotel Sachsendreier nach Kamenz fuhren wir, um dort die originellsten Hotelzimmer zu begutachten. Unter einem Dach befanden sich die pompöse Suite, neben dem Zimmer im FDGB Ferienhausstil und einem Massenlager auf Stroh. Nach der Besichtigung durften wir ins Herzstück der Nobelherberge vordringen und dort entdeckten wir des Pudels Kern. Bars, Bäder und Gemächer warteten hier täglich auf lüsterne Nackedeis, die sich im Pärchenclub amüsierten. Wir hatten am Abend anderes zu tun und gingen in die Kirche und zwar in Uhyst, 30 km vom Ort der Sünde entfernt. Wir hatten nicht gesündigt, mussten deshalb auch nicht beichten und konnten gleich das Gespräch mit dem zuständigen Pfarrer suchen, denn der sollte uns darüber Auskunft geben, wer eigentlich Autobahnkirchen besucht. Selbstverständlich haben nicht nur Autobahnreisende Zutritt zum Gotteshaus, es ist rund um die Uhr geöffnet und jeder, der in der Nähe ist und das Bedürfnis hat, kurze Zeit im Gebet zu verharren oder nur, sich zu besinnen, kann eintreten. Der Pfarrer ist immer in Bereitschaft, denn oft muss er wildfremden Menschen zu jeder Tages- oder Nachtzeit Trost und Beistand geben. Ein richtiger Seelsorger stand uns gegenüber, der sich freute, dass wir etwas über seine segensreiche Arbeit erfahren wollten.

Das Land Sachsen war für uns schon immer eine Fundgrube. Deshalb waren wir auch nicht überrascht, dass sich dort in Hermsdorf immer noch Frauen regelmäßig zum Federnschleißen treffen. Als wir eines Tages die Frauen überraschten, lernten wir eine fröhliche Runde kennen, die sich dieser Sisyphusarbeit, nach der Devise, mit Humor geht alles besser seit Jahren stellten. Wir verlängerten unsere Besuchszeit und überredeten die Frauen im Alter zwischen 18 und 60 die Ziehung unseres Sonderpreises vorzunehmen. Die Person die uns auf diese Arbeitsgemeinschaft hingewiesen hatte war anwesend und hätte gezogen werden können. Das ist unsere Ziehungsleiterin Christine Trettin-Errath, allerdings zur Freude der jeweils Anwesenden schon 3 mal passiert.

Nach diesem Heimspiel stand wieder eine längere Reise bevor, diesmal in den Schwarzwald. Oft lassen sich Drehtermine so schlecht koordinieren, dass wir auch bei längeren Fahrten schon kurz nach dem Eintreffen vor die Kamera müssen. Warum wir es in den meisten Fällen trotzdem so gut gelaunt tun, liegt an einem Ritual, dass sich immer und überall kurz vor Beginn der Dreharbeiten abspielt. Wir suchen einen Ort mit Örtchen, an dem wir auch die Technik überprüfen und unser Make up kontrollieren können und wo es einen wohlschmeckenden Espresso gibt. Das Problem ist meistens der Espresso. Am einfachsten zu lösen, wenn wir ein italienisches Café oder Restaurant vorfinden. Dort ist es immer möglich, wenn auch mit qualitativen Unterschieden, einen Espresso zu bekommen. Der größte Teil aller anderen gastronomischen Einrichtungen hat wenig oder überhaupt keine Ahnung, wie man dieses edle Getränk zubereitet.

Wir wissen es inzwischen ganz genau, weil es uns einer der größten Espressoexperten Deutschlands erklärt hat. Es ist der Papst der Bohne, Holger Maschke aus Berlin. Seit 20 Jahren hat er sein Geschäft in der Wilmersdorfer Straße 72, wo er Espresso-Freaks aus ganz Europa begrüßt. Seine nationale Mission: Deutschland von dem „Mist" zu befreien den seine Landsleute Espresso nennen. Wir sind seine Missionare geworden und versuchen, bei unseren Rundreisen wenigstens die wichtigsten Dinge an den Mann zu bringen. Optimal sind nur frisch gemahlene Espressobohnen der Sorte Arabica. Sieben Gramm Kaffeemehl reichen für eine Tasse, die klein, dickwandig und vorgewärmt sein sollte. Die Espressomaschine muss das Wasser bis auf 90 Grad erhitzen und einen Druck von 9 Atmosphären ausüben können. Voraussetzungen damit die Bohnen ihre ätherischen Öle freigeben und sich auf dem Kaffee die braunweiß marmorierte „crema" bilden kann. Also liebe Kaffeehausbesitzer und Restaurantleiter, komplettieren Sie ihr Wissen und besorgen Sie sich „Espressoliteratur", dann haben Sie vielleicht eines Tages das große Glück, unser Team als zufriedene Gäste kennen zu lernen.

Im Schwarzwald sind wir jedenfalls damals ohne besondere Vorkommnisse gegen 22 Uhr eingetroffen und brauchten keinen Espressso mehr. Wir waren am nächsten Tag um 10 Uhr mit Adolf Braun verabredet, einem fleißigen Mann mit Geld und einer kühnen Idee. „Viele Gemeinden leben ja heute schon vorwiegend vom Tourismus. Warum also", dachte sich Herr Braun, „sollte das in dieser reizvollen Landschaft nicht auch möglich sein?" So weit, so gut und von besonderer Kühnheit kann bis hierhin noch keine Rede sein. Aber – womit wollte er die Touristen anlocken? Mit einer einzigartigen Sehenswürdigkeit, die bei unserem Besuch im Steinwasen-Park in Oberried bei Freiburg unmittelbar vor der Vollendung stand. Die größte Fußgängerhängebrücke der Welt (!), mit einer überspannten Länge von 218 Metern und nach dem Vorbild der Indianerhängebrücken gebaut. Sie hat eine maximale Höhe von 25 und eine Aufschaukelbewegung von ca. 4 Metern. Für die Sicherheit sorgen massive Fundamente aus 656 Kubikmetern Beton für die 100 Spannanker, die 7 Meter tief in den Fels getrieben wurden. Die Tragfähigkeit der Brücke ist für 1.000 Personen ausgelegt. Wir waren das erste Fernsehteam, das gemeinsam mit dem Bauherrn die Brücke vorstellen und überqueren durften und vielleicht haben inzwischen viele von Ihnen das imposante Bauwerk schon selbst in Augenschein genommen.
Im Nachhinein kam mir damals die Überlegung, ob sich Herr Braun – neben seiner Sorge um das Wohlergehen der Region – nicht vielleicht auch einen schon lang gehegten

heimlichen und fast utopischen Wunsch, einmal solch Superlativ-Bauwerk zu errichten, endlich erfüllen konnte. Es wäre ihm zu gönnen!

Auch in Trier begegneten wir kurze Zeit später einem Mann, der die Öffentlichkeit von seiner Tätigkeit noch nicht informiert hatte. Von unserer Sendung erfuhr er durch seinen Freund Klaus Kieper aus Berlin, der uns folgendes schrieb: „Fahren Sie an die Mosel und besuchen Sie Bernd Melcher, der Jahre – ja sogar Jahrzehnte seines Lebens damit verbracht hat, Gleispläne deutscher Bahnhöfe und Haltepunkte zu erstellen. Nicht nur, dass er täglich mehrere Stunden am Reißbrett sitzt, um die Zeichnungen anzufertigen, er vergleicht sie auch an Ort und Stelle." Als wir bei ihm aufkreuzten, war er gerade dabei, einen Bahnhof in der Schweiz unter die Lupe zu nehmen. Deutschland hatte er mit seinen rund 10.000 Möglichkeiten komplett erfasst und so war er seit einigen Jahren dabei, Gleispläne auch von Bahnhöfen und Haltepunkten in Österreich, Holland, Polen und eben der Schweiz zu zeichnen. Wie sich herausstellte kannte er den Verlauf der Gleise in vielen Bahnhöfen auswendig. Er konnte als Fahrgast sogar nur nach akustischen Wahrnehmungen Aussagen machen, auf welchem Bahnhof und auf welchem Gleis ein Zug ein- oder ausfährt. Seine Gleispläne waren Kunstwerke, die leider in seinem Archiv verschwanden und nur bei bestimmten Anlässen wieder ans Tageslicht kamen. Wir verschafften diesem „Außenseiter" mit der folgenden Frage einen unerwarteten Auftritt: „Welcher Bahnhof hat das schlechteste Gleisplankonzept?" – Antwort: „Lehrte!" Bernd Melcher war auf seiner Lieblingsstrecke unschlagbar. Selbst die Deutsche Bahn wandte sich schon mit Fragen an den 61jährigen aus Trier, wenn sich sämtliche Unterlagen in den Archiven wieder einmal als völlig auskunftsschwach erwiesen.

Wann immer es einzurichten ging, verfolgte der Ingenieur Klaus Dieter Noack aus Dresden unsere Sendungen mit Interesse und viel Freude. Das ließ er uns zunächst wissen, ehe er genau beschrieb, wo die Verkehrsampel mit der längsten Rotphase steht. In seiner Stadt selbstverständlich, an der Einmündung der Ziegelstraße in die Sachsenallee. Sie zeige immer rot, länger ging es nicht und deshalb sei sie unschlagbar, so sein Kommentar. Wir verabredeten uns mit dem Mann an der Ampel und vereinbarten in regelmäßigen Abständen, Tag und Nacht die Schaltvorgänge an der Ampel zu kontrollieren.

Wie erwartet, bestätigten sich die Beobachtungen unseres Zuschauers, denn die Ampel stand immer auf Rot. Dass der Verkehr über die Ziegelstraße trotzdem lief, regelte der grüne Pfeil, der an der Ampel angebracht war. Alle Ortskundigen kennen seine Bedeutung, die gestattet, dass man auch bei Rot, wenn es der Verkehr erlaubt nach rechts abbiegen kann. Nun hat die Elbmetropole auch viele in- und ausländische Gäste, die noch nie auf einen „grünen Pfeil" getroffen sind. So wurden an dieser Stelle bereits Fahrzeuge gesichtet, die länger als eine Viertelstunde vor der Ampel standen und deren Fahrer nur noch Rot sahen. Einige Verkehrsteilnehmer vermuten, dass man mit dieser Ampelschaltung vielleicht alle Pfeilgegner treffen möchte. Die einzige die an der Ampel nichts zu lachen hatte, war Christine Trettin-Errath, die sie bei Wind und Wetter mehrmals besuchen musste. Deshalb wurde sie auch zur Belohnung auserkoren, den ersten Lachchor der Welt vorzustellen.

Der Berliner Filmproduzent Thomas Draeger hatte die Idee, eine Lach-CD aufzunehmen. Über Annoncen suchte er naturbegabte „Lachkanonen". Über 80 meldeten sich: Lehrer, Sozialarbeiter, Apotheker, Büroangestellte und Rentner. Draeger war überrascht. Doch nicht alle Lacher entsprachen seinen Vorstellungen. Er sortierte aus, bis letztlich 15 übrig blieben, die frei, fröhlich in Gelächter ausbrechen oder auch nur Ablachen konnten. Die CD ist inzwischen auf dem Markt und die lächerlichen Damen und Herren der 1. Stunde bilden heute den Stamm des Chores, der sich den Namen „krumm und schief" gab. Das Lied „Ein Jäger aus Kurpfalz" eignete sich besonders gut für einen Vortrag. Da Lachen ansteckt, hatte Christine keine Probleme, sich der Singegemeinschaft anzuschließen. Der Text mit ha, ha, ha, ha, ha, ha, kam ihr auch entgegen und so konnte sie sich ohne Unterbrechung an der Lachnummer beteiligen. Diese Informationen genügen für eine gefahrlose Nutzung mit allen erwünschten Nebenwirkungen.

Wenn man fast täglich mit außergewöhnlichen Dingen konfrontiert wird, neigt man sehr schnell dazu, sie mit Superlativen zu bedenken; im Falle des folgenden Highlights, welches ich beschreiben möchte aber sicher zu recht. Sollten Sie zu den Motorradfreaks gehören und ausgerechnet die Sendung verpasst haben, in der wir das größte private Motorad-Museum-Deutschlands vorgestellt haben, begrüßen Sie es bestimmt auf diesem Wege von seiner Existenz zu erfahren. Auf einer Fläche von über 1.000 m² zeigt Anton Schuth im niederrheinischen Moers-Asberg 320 Motorräder und man kann sich nicht vorstellen, wie es ihm allein gelungen ist, so eine Vielzahl von Kostbarkeiten zusammenzutragen. Bis in die 70ziger Jahre wäre es einfach gewesen, verkündete der 90jährige Museumsleiter, Kfz-Schlosser und Ersatzteilhersteller, weil die Leute die Maschinen billig verkauft oder auf den Schrottplatz gebracht hätten. Selbst historische Fabrikate konnte man erwerben, die heute unbezahlbar sind. So kann man bei ihm z.B. auch eine „Hildebrand & Wolfmüller" Baujahr 1894 und eine „Adler" Baujahr 1901 bewundern. Nur seine Frau, mit der er in jungen Jahren Seifenkistenrennen bestritt, steht ihm bei der Pflege und Wartung der Sammlung zur Seite. Ist zu wünschen, dass sie geeignete Nachfolger finden und das Museum noch lange erhalten bleibt.

Ein völlig anderes war gerade mit eingeschränkten Besuchszeiten in Markranstädt eröffnet worden. Das tropische Freiland-Paradies des Hans Neumuth im Ortsteil Göhrenz konnte am Samstagnachmittag besichtigt werden. Wie es ihm gelungen war, durch Erwärmung des Bodens seine zahlreichen exotischen Gewächse ungeschützt über den Winter zu bringen, begeisterte zahlreiche Gartenfreunde. Seine Ess-Feigen z.B. reiften an Büschen, die jährlich sogar bis zu 3 Ernten brachten.

Ein anderer Gartenfreund in Schmalkalden hatte bisher noch kein Lob geerntet, obwohl er seit Jahren uneigennützig einen Stadtteil mit Blumen bepflanzte. Vielleicht lag es daran, dass dieser nicht gerade im Blickpunkt lag und bisher nur vom jeweiligen Zugpersonal und den Bahnreisenden entdeckt wurde. Der Rentner Waldemar Rothamel hatte 150 Meter der Bahnstrecke nach Zella-Mehlis, die an seinem Haus vorbeiführt, zu der mit dem schönsten Bahnrain Deutschlands erklärt und schuftete dafür täglich mehrere Stunden.

Ein buntes Blumenmeer erfreute den Betrachter auf diesem Streckenabschnitt und unwillkürlich musste ich an eine Bahnfahrt von Genf nach Montreux denken, auf der mir die gepflegten Bahnraine aufgefallen waren. Leider bekamen wir nach der Sendung keine Informationen über eventuelle Reaktionen bei der Deutschen Bahn. Dort hätte man das Schmalkaldener Beispiel zum Anlass nehmen können, über Möglichkeiten nachzudenken, womit man hierzulande die ungewollte Vegetation im Umfeld der Gleisanlagen beseitigen oder ersetzen könnte. Dafür erfuhren wir von Waldemar Rothamel persönlich, dass ihm der Bürgermeister zu seinem Fernsehauftritt gratulierte und für sein ehrenamtliches Schaffen einen Präsentkorb überreicht hatte – wenigstens etwas.

Mit einem großen Blumenstrauß konnte ich eine gewisse Lotte Specht im Juli 2001 zu ihrem 90. Geburtstag überraschen. Ihr Name war vielleicht im Raum Frankfurt am Main noch nicht vergessen, weil sie dort in den 50er Jahren auch an der Seite von Hans-Joachim Kuhlenkampf im Rundfunk und bei Varietee-Veranstaltungen aufgetreten war. Aber dass sie zu den Gründungsmitgliedern der 1. Deutschen Damenfußballmannschaft gehörte, wusste außer einem Zeitungsredakteur, der in einem Artikel daran erinnerte und uns diesen zuschickte, keiner mehr. Die Frauen hatten es damals schwer, sich in dieser Männersportart durchzusetzen. Sie wurden als lesbische Weiber beschimpft und ihres Lebens nicht mehr froh. Deshalb stand der Frauenfußball auf wackligen Beinen und hatte zunächst keine lange Lebensdauer. Erst 1973 beschloss der Deutsche Fußballbund seine Auferstehung und seither gewinnen die jungen Frauen immer mehr Freunde die sich an ihrem technisch perfekten Fußball erfreuen. Für unsere Lotte Specht war es zu spät. Wir kamen auch darauf zu sprechen, dass ich meine Fußballlaufbahn als Torwart bei der SG Striesen in Dresden begann und mein großes Vorbild Willibald Kreß war, den ich als Kind noch in den letzten Kriegsjahren beim Dresdner SC als Torwart der Extraklasse erleben durfte. Er kam aus Frankfurt und war die stille Jugendliebe unserer „flotten Lotte". Nun kamen wir ins Schwärmen, jeder aus seiner Sicht. Natürlich waren ihr auch die fußballerischen Spezialitäten von Willibald bekannt. Zum Beispiel, dass er immer weit vor seinem Tor stand, um schon zeitig ins Spiel eingreifen zu können. Er hatte ein so geschicktes Stellungsspiel, dass seine Ausflüge selten bestraft wurden. Wenn man mit einer 90jährigen Frau vor der Kamera solche Fußballerinnerungen austauschen kann, gibt man den Fernsehzuschauern leider auch Anhaltspunkte über das eigene Alter und nach solchen Sendungen wurde man danach wieder verstärkt gefragt.

Mit „alten Säcken" beschäftigte sich seit einiger Zeit der singende Müller und Mühlenbesitzer Hans Knapp im thüringischen Linda, der das erste Sackmuseum in Deutschland eröffnet hatte. Etwa 250 verschiedene Säcke konnte er schon in seiner Holländer-Windmühle aus dem Jahr 1867 zeigen.

Neben Säcken setzten sich später vor allem für den Transport von kleineren Artikeln besonders die Einkaufsnetze durch, ehe sie von den Plastebeuteln abgelöst wurden, deren Belastbarkeit nur schwer einzuschätzen ist. Deshalb gab es für ihren Inhalt schon manche Bruchlandungen und eine Renaissance der Netze war nur eine Frage der Zeit.

Da wir selbst entsprechende Erfahrungen gemacht hatten, reichten wir die Anfrage, ob noch Einkaufsnetze hergestellt werden sofort an unsere Zuschauer weiter, mit dem Ergebnis, dass sich Marga Sputh aus Schnett meldete, die sie zu DDR Zeiten in Heimarbeit knüpfte und sie auch weiterhin noch einmal im Jahr für den Weihnachtsmarkt herstellt. Restposten verteilte sie unter Freunden. Wir zeigten die geschickte Frau an ihrem Netzwerk an dem sie vorführen konnte, wie man die Bande knüpfen muss. Sie war noch nicht aus der Übung gekommen, dass war auch gut so, denn nach der Sendung bekam sie neue Aufträge in Hülle und Fülle.

Keinen Anteil hatten wir daran, dass eine Begegnung mit Peter-Mario Kreuter aus Euskirchen in unserer Sendung zustande kam, denn er war freiwillig RTL ins Netz gegangen. Dort hatte er mit Erfolg an einer Millionenshow teilgenommen und beiläufig geäußert, dass er alle Nationalhymnen kennt. Das konnten sich Karin und Ben Gütschow aus Kösterbeck nicht vorstellen und beauftragten uns, den Mann ausfindig zu machen. Mit Hilfe der RTL Redaktion gelang es und mit zahlreichen Hymnen, die wir auf eine CD gebrannt hatten, erschienen wir gut vorbereitet zum Test.

Der Kandidat bestand ihn mit Bravour und erkannte alle Hymnen u.a. die von Australien, Mosambik und Venezuela. Bei Finnland wusste er natürlich, dass Estland die gleiche Hymne hat, nur mit anderem Text. Da alles reibungslos verlief, mussten wir als Zugabe einen Fehler liefern und holten aus dem Archiv eine Hymnenverwechslung, die der damalige Bundespräsident Roman Herzog mit Würde überspielte. Im November 1995 wurde bei seinem Eintreffen in Brasilien versehentlich die DDR Hymne gespielt. Um solchen peinlichen Zwischenfällen zu entgehen, hatte sich auch ein Organisationsbüro internationaler Veranstaltungen bei uns erkundigt, wo man sich in letzter Minute informieren kann, ob eine vorliegende Nationalhymne noch aktuell ist. Wir mussten nicht das Außenministerium bemühen sondern konnten mit ruhigem Gewissen die Adresse von Herrn Kreuter weitergegeben.

Zu einer „folgenschweren" Begegnung kam es im Herbst 2001 auf der Insel Usedom. In der Gemeinde Loddin hatte sich der nördlichste Weinberg Deutschlands prächtig entwickelt, so dass sich deren Besitzer entschlossen, selbigen der Öffentlichkeit vorzustellen. Neben Otto Martin lernten wir auch Peter Noack, den Chef des Loddiner Fischrestaurants „Waterblick" kennen, der gleich noch einen zweiten Knüller anbieten konnte. Er hatte vor kurzem das kleinste schwimmende Fischrestaurant der Welt (bisher hat keiner das Gegenteil beweisen können) in Betrieb genommen. Wir verlängerten unseren Aufenthalt auf der Sonneninsel und erlebten eine sehr angenehme Zeit an Bord des kleinen Schiffes. Wenigstens 4 Stunden, die man für eine Fahrt einplanen muss, ließen wir uns verwöhnen. 5 Gänge wurden serviert, von Mecklenburger Fischkartoffeln bis zum gebratenen, fangfrischen Achter-Wasser-Zander. Bier vom Fass und erlesene Weine standen nicht nur auf der Getränkekarte, sondern wurden auf Wunsch ausgeschenkt. Bemerkenswert auch der Inselaquavit, der als Verteiler nach jedem Gang gereicht wurde. Als die Stimmung auf dem Höhepunkt war und wir unsere Gespräche und Bildaufnahmen längst im Kasten hatten, kam die Sprache auf den 30. Geburtstag unserer Sendung am 18. Juni 2002. Erste Überlegungen sprachen dafür, dass darin auch die Insel Usedom mit ihren FKK Traditionen eine Rolle spielen müsste. Was daraus wurde lesen sie an späterer Stelle.

Zunächst hatten wir einen anderen Fall zu klären, der uns schon lange beschäftigte. In den Filmen der Olsenbande tauchten immer wieder die Tresore der Firma Franz Jäger Berlin auf. Gab es die Firma wirklich und wer besaß einen echten Franz Jäger?

Es meldeten sich einige Zuschauer, die wir der Reihe nach aufsuchten, doch nirgends fanden wir einen echten „Franz Jäger" vor. Nur in Mahlow bei Berlin wurden wir noch einmal unsicher, denn dort stand bei Jürgen Gehring tatsächlich ein alter Tresor mit dem Schild Franz Jäger Berlin. Der Randberliner war auch überzeugt, dass es besagte Firma gegeben hat. Jetzt musste ein Experte in dieser Angelegenheit das Schlusswort sprechen. Wir fanden ihn in Gerhard Gora von der Tresortechnik Zwickau. Er hatte sich mit der Geschichte des Tresorbaus in Deutschland beschäftigt und konnte die Aussagen der Drehbuchautoren, die auch im Buch „Die Olsenbande" abgedruckt sind, bestätigen. Die Firma Franz Jäger Berlin ist eine Filmerfindung.

Wir hatten es weiter mit erstaunlichen Realitäten zu tun und gratulierten Egon Ecklebe aus Wernigerode zu seinem 70. Geburtstag. Einen Tag vorher konnte er bereits seine dritte Deutschland-Umrundung feiern. Diesmal war der Wanderer 100 Tage unterwegs gewesen und hatte rund 6.000 Kilometer zurückgelegt. Für den Transport seiner Ausrüstung baute er sich einen Spezialanhänger, den er auf der gesamten Strecke ziehen musste. Der Verlauf der Wanderroute war leicht zu erklären, immer an der Grenze entlang.
Für Grenzfälle des Fernsehempfangs interessierte sich Volkmar Böttger aus Berlin, der uns zum Aufruf veranlasste: „Wer befasst sich mit Überreichweitenempfang?" Eine Frage, die vor 20 Jahren ihre Berechtigung gehabt hätte, glaubten wir und wurden eines Besseren belehrt. Hans Scholz aus Vitzenburg nämlich befasste sich seit 1954 bis

in die Gegenwart damit. Vor knapp 50 Jahren flatterten eines Tages Bilder aus Spanien, Italien und Moskau über den Bildschirm seines „Rembrandt", die er mit seiner „Puva-Start" fotografierte, denn eine Videoaufzeichnung war damals noch nicht möglich. Seine Leidenschaft war entflammt und seither saß er täglich 3-4 Stunden in seinem Ministudio. Was früher ausschließlich über Antenne möglich war, ist heute auf anderer Ebene mit Parabolspiegeln zu erreichen. Mit 3 solchen, 2 davon mit 1,80 Meter Durchmesser sind drehbar, und mit 5 Receivern wird alles herangeholt was möglich ist. Besonderen Spaß hat er, wenn es ihm gelingt, sich in eine Strecke einzuklinken, die zwischen Übertragungswagen und Sendestation geschaltet ist. Bevor die Sendung beginnt, kann man über sie tagelang den Probenbetrieb verfolgen und Bilder sehen, die eigentlich nicht für den Zuschauer bestimmt sind. Einige Mitschnitte konnten wir in unserer Sendung zeigen. Wir wollten uns schon verabschieden, da erfuhren wir noch, dass Herr Scholz auch mit 100 Fernbedienungen, die bei ihm im Einsatz sind, rekordverdächtig ist. Wenn man ein Hobby zum Beruf machen kann, ist das eine ideale Lösung.

Damit sind wir fließend zum Thema Fliesen gekommen. Vor 25 Jahren begann der Fliesenleger Paul Eßmann, alte Fliesen zu sammeln. Heute leitet seine Tochter Karin in Dülmen eine Firma in der 15.000 verschiedene Fliesen lagern, die Adresse hat sich weltweit herumgesprochen Briefe, Faxe oder Anrufe kamen schon aus Neuseeland, Kanada, den USA und Skandinavien. Oft hängt von einer Fliese die Zukunft eines ganzen Badezimmers ab. Wenn von ihr weder Artikelnummer noch Herkunft bekannt sind, wird für die Nachforschung wenigstens ein Bruchstück der Fliese benötigt.

Das Jubiläumsjahr von „Außenseiter-Spitzenreiter" war bereits 9 Tage alt, als ich einen ehemaligen Mitstreiter traf, der lange Zeit im DDR-Fernsehen als Pyrotechnicker arbeitete – Hans-Werner Geicke. Auch bei uns hatte er schon von seiner Arbeit berichten und einige Tricks zeigen können. Seinen Bruder Siegfried kannte ich nicht, der lebt schon seit den sechziger Jahren in Los Angeles und gehört zu den besten Maskenbildnern Hollywoods. Nach seiner Lehrzeit hatte er seine Arbeit am Theater in Gera begonnen und war dann über die Stationen Deutsches Theater, Berliner Ensemble, Deutsche Staatsoper, DEFA, Norddeutsches Fernsehen an die Oper nach San Francisco gekommen. Von dort war der Weg nach Hollywood nicht weit. Innerhalb weniger Jahre wurde er dort bei den Film- und Bühnenstars zum gefragtesten Maskenbilder. Werner hatte Siegfried gerade in Amerika besucht und wir sprachen darüber. Plötzlich kam mir die Idee, dass sich der alternde Moderator zum 30. Geburtstag seiner Sendung in der Traumfabrik verjüngen lassen könnte. Wir hatten ja keine große Sondersendung geplant und suchten nur noch einen kleinen Gag. Wir glaubten, ihn gefunden zu haben, alles andere war Formsache. Schon nach dem ersten Telefonat mit Siegfried Geicke stand fest, dass wir uns in Kürze in Los Angeles treffen werden. Ich schickte ihm Fotos und aktuelle Videos mit Aufzeichnungen unserer Sendung, damit er sich mit meinem Kopf beschäftigen konnte. Gegen seinen Vorschlag möglichst zum Zeitpunkt der Oskar-Verleihung anzureisen, war nichts einzuwenden. So bekamen wir die Chance, den Trubel ringsherum einmal persönlich mitzuerleben. Ein paar Wochen waren noch Zeit.

Inzwischen schauten wir uns in der Nähe von Bautzen Schätze aus dem Morgenland an. Ernst Ulrich Walter hatte sie von seinen Reisen aus dem Orient mitgebracht. Der 80jährige gelernte Rechtsanwalt mit Hauptsitz in Wuppertal, fliegt noch heute jedes Jahr etwa 3 mal vorzugsweise zu Ausgrabungen nach Marokko oder in die Türkei. In seiner Schatzkammer befinden sich alte Geschmeide, vergoldete Sessel aus einem Sultanpalast, kostbare Wandschirme und Teppiche sowie handgeschriebene Korane. Eine Landkarte von 1783 zeigt, wo einst der Garten Eden gelegen haben soll. Mit dem Museum hat sich der Advokat einen Lebenstraum erfüllt. Wir beendeten den Rundgang mit einer orientalischen Überraschung. Wir engagierten für den Gastgeber eine Bauchtänzerin.

Keine Überraschung war für Walter Ewert in Ulrichshorst, dass nun auch noch das Fernsehen kam, um sich seine Garageneinfahrt zu betrachten. Aber es war ja eine besondere, weil er ein besonderes Auto hat. Einen Mercedes. Leider war die vorhandene Zufahrt zur Garage so eng, dass er ständig befürchten musste, mit der Hauswand zu kollidieren. Er verlegte auf einer 20 Meter langen Strecke Schienen für einen Plattenwagen, auf dem man das Auto an den Gefahrenquellen vorbei in die Garage schieben kann. Mit Hilfe von Lasertechnik war das sogar millimetergenau möglich. Es funktionierte einwandfrei und wir konnten nach 20 Jahren eine zweite Lösungsvariante für komplizierte Garageneinfahrten zeigen. Damals hatte ein Meißner Kraftfahrer ebenfalls eine Schienenkonstruktion entwickelt, über die er sein Auto seitlich in die Garage schieben konnte.

Außer Christine, die von der technischen Errungenschaft berichtete, interessierte sich in diesen Tagen keiner aus der Truppe so richtig für Autos, sondern mehr für Flugzeuge. Es war soweit. Wir werden in Kürze mit Lufthansa über Frankfurt am Main nach Los Angeles fliegen. Unsere Plätze in der Touristenklasse waren gebucht und bestätigt, die Drehgenehmigung an Bord der Boeing 747 lagen vor. Wir hatten ab Frankfurt 11 Stunden Zeit, für Ansagen und Gespräche. Ferner wollten wir Flugaufnahmen drehen, wenn wir über besonders reizvolle Landschaften schweben würden. Von allen Vorhaben benötigten wir nur kurze Einstellungen, weil die 239. Folge für die sie gedacht waren, mit den üblichen 30 Minuten Sendelänge nicht mehr zuließ. An einem frühen Nachmittag landeten wir in der kalifornischen Metropole und fuhren auf direktem Weg zum Haus von Siegfried Geike, im Vorort Encino. So konnte die erste Begegnung mit ihm vor der Kamera stattfinden, was wir uns immer wünschten. Der Empfang war sehr herzlich. Neben dem Hausherrn begrüßten uns dessen Ehefrau und Bruder Hans-Werner, der als unser Botschafter vorausgeflogen war. Nach dem Gespräch und der Besichtigung hunderter

Fotos von Hollywoodstars, die alle mit Widmungen für Siegfried Geike versehen waren, wurde mir endgültig klar, dass ich bei einem ganz Großen seiner Zunft gelandet war. Allen hatte er schon für ihre Film- und Theaterrollen zum gewünschten Aussehen verholfen. Hier nur einigen Namen: Doris Day, Jane Fonda, Elisabeth Taylor, Kim Novak, Arnold Schwarzenegger, Tom Sellek, David Hasselhoff, Christopher Lee, Ben Kingsley, Fred Astaire, Louis Amstrong, Ella Fitzgerald und Michael Jackson. Für seine Arbeiten war Siegfried Geike kurz vor unserem Eintreffen ausgezeichnet worden und kein geringerer als Charlton Heston hatte die Laudatio gesprochen. Am übernächsten Tag standen wir ihm dann gegenüber, dem Mann, der uns alle vor Jahren in zahlreichen Filmen wie „Ben Hur", „Die zehn Gebote" oder „El Cid" so begeisterte. „Ziggi", wie Geicke von seinen berühmten Kunden genannt wird ist der größte, war sein kurzer Kommentar. Auch er hatte sich schon oft bei komplizierten Masken in die Hände des Künstlers begeben und zeigte Fotos mit einigen Beispielen.

Was „Ziggi" mit seiner Kunstfertigkeit aus mir gemacht hatte, war zu diesem Zeitpunkt schon Vergangenheit. Das höchste Lob bekam er von unserem Techniker Gerd Baum der spontan sagte: „Genauso sah er aus, als ich ihn vor 20 Jahren kennen lernte." Vor unserer Abreise besuchten wir noch die Hollywood-Studios und unternahmen eine Fahrt in die Berge. 150 km von Los Angeles entfernt, besuchten wir Geikes Tochter, die dort in einem kleinen Dorf lebt und in ihrem Haus eine Galerie mit Arbeiten ihres Vaters eingerichtet hatte. Noch während unseres Aufenthaltes wurde ihr mein gerade entstandenes „Jugendbildnis" zwischen Charlton Heston und Bing Crosby zugeordnet. Das waren Erfolge. Die Abschiedsfeier im Haus unserer rührigen Gastgeber, die sich auch ständig um unser leibliches Wohl sorgten, war nur kurz, dafür werden wir sie lange in guter Erinnerung behalten.

Als wir in Frankfurt am Main gelandet waren, meldete mein Handy mehrere Anrufe unseres Produktionsleiters

Wolfgang Rulewicz, der an verschiedenen Tagen versucht hatte mich zu erreichen. Ein Rückruf ergab, dass der MDR während unserer Abwesenheit beschlossen hatte, für den 5. Juli 2002 eine Sondersendung „30 Jahre Außenseiter-Spitzenreiter" mit einer Sendelänge von 90 Minuten ins Programm aufzunehmen. Darüber freuten wir uns, obwohl die vorliegende Konzeption dafür nicht reichte. Auf Anhieb kam die Insel Usedom als Hauptaustragungsort wieder ins Gespräch und wir nahmen sofort mit dem Inselhäuptling Peter Noack Verbindung auf, um die ersten Maßnahmen einzuleiten. In seinem Fischrestaurant „Waterblick" traf sich die halbe Welt und er hatte die besten Beziehungen zu Leuten die kurzfristig unsere Wünsche erfüllen konnten.

Der Alltag hatte uns wieder. Neben der Arbeit an den planmäßigen Sendungen kamen uns täglich neue Ideen für die Sondersendung, deren organisatorische Vorbereitung immer umfangreicher wurde. Deshalb waren wir froh, dass meine jüngste Tochter Katja unseren Aufnahmeleiter Monty Mandel unterstützen konnte, da sie gerade ein Praktikum in unserer Redaktion absolvierte. Nachdem wir die Filmprominenz in Hollywood kennen gelernt hatten, stand daheim als erstes ein schlichter Hausbesuch auf dem Programm.

Auf geniale Art und Weise hatte Friedel Schmidt aus dem Westerwald seinen Nachbarn vor größerem Schaden bewahrt. Der war vor Jahren beim Stangenbohnenpflücken mit seiner Leiter umgekippt und beinahe mit dem Kopf auf eine Betonplatte aufgeschlagen. Für ihn hatte er die umklappbare Bohnenstange erfunden. Die Stange wird in ein Gelenk aus Edelstahl entgegen der Drehrichtung des Bohnenwuchses geschraubt. Ist die Zeit der Ernte gekommen, dreht man die Bohnenstange zurück, damit die Pflanzen nicht abreißen können und erst dann klappt man das Gelenk um. Einfach genial.

So musste man geradezu auch die außergewöhnlichen
Handarbeiten der Charlotte Schüttauf aus Coswig bei Meißen bewerten. Sie sammelte Eichenblätter die sie solange
trocknete, bis die Rippen nur noch leicht feucht waren und
das letzte Blattgrün herausfiel. Dann suchte sie sich aus
Zeitungen ein geeignetes Bildmotiv, das sie auf die Mitte
des Blattes legte und es mit einer Rosshaarbürste zwischen
2 und 10 Stunden klopfte. Ähnlich wie beim Rubbeln würde nach und nach immer deutlicher ein Bild mit den Kontu-
ren der Vorlage sichtbar. Mehrere Zuschauer setzten sich
nach der Sendung mit Frau Schüttauf in Verbindung, um

sich die Technik noch einmal genau erklären zu lassen. Wenn sie künftig in der Nachbarschaft Klopfzeichen wahrnehmen sollten, müssen sie nicht unbedingt von Menschen in Gefahr kommen.

Ein Shanty-Chor feierte in diesen Tagen bei seinen Gastspielreisen durch Österreich und Deutschland große Erfolge. Auf diese Pressemitteilung wurden wir mehrfach hingewiesen, weil die Singegemeinschaft nicht von der Küste, sondern aus dem Vogtland kam. Wie das zusammenhängen könnte, war vielerorts von größtem Interesse. Das Geheimnis war schnell gelüftet, denn zur See fahren nicht nur die Norddeutschen. Die Seeleute kommen von überall her. So ist die Marinekameradschaft Plauen 1899 e.V. mit 120 Mitgliedern die größte in den neuen Bundesländern. Neun davon gründeten 1992 den Shanty-Chor, der heute 34 Sänger hat. Alle Chormitglieder waren unterschiedlich lange auf den Weltmeeren unterwegs gewesen und berichteten kurz aus ihrem Seefahrerleben. In einem kleinen Konzert auf dem Marktplatz der Stadt, erfreuten sie uns noch mit einem Medley der stimmungsvollsten Shantys.

Shantys sind übrigens Lieder, die bei der Arbeit und in der Freizeit an Bord gesungen wurden. Sie klangen uns noch in den Ohren, als wir anschließend Richtung Usedom fuhren, um letzte Vorbereitungen für unsere Sendung zum 30. Geburtstag zu treffen. Ob wir dabei Shantys angestimmt haben, weiß ich nicht mehr. Als wir in Loddin eintrafen, leuchtete uns schon von weitem das Festzelt entgegen, das unmittelbar neben dem nördlichsten Weinberg aufgestellt war. Hier wollten wir uns mit den Loddinern und einigen geladenen Gästen zur Geburtstagsfeier treffen. Auch das Tagesprogramm hatte keine offenen Posten mehr und das verdankten wir in erster Linie Peter Noack und seinem großen Organisationstalent und seiner Frau Doris. Am Morgen waren 30 Geburtstagskinder aus allen Teilen Deutschlands angereist, die mit uns am 18. Juni 2002 ihren 30. Geburtstag feiern konnten. Die Waterblickköche zeigten sich von ihrer besten Seite und sichtlich gestärkt steuerten die Jubilare den Achterwasserhafen von Stagnieß an. Dort wurden sie an Bord des Motorschiffes „Astor" zu einer Kaffeefahrt über das Achterwasser erwartet. Dabei gab es auch Gelegenheit einige unserer jungen Zuschauer vorzustellen. Höhepunkt der Fahrt war das Eintreffen einer riesigen Eisbombe.

Peter Noack hatte es sich nicht nehmen lassen, erneut sein kleinstes schwimmendes Fischrestaurant aufs Wasser zu bringen. Mit diesem fuhr er seitlich an die „Astor" und übergab bei stürmischer See sein Präsent. Wieder an Land konnten wir den Bürgermeister von Loddin Helmut Laudin und Bernd Geilert als Vertreter des MDR begrüßen. Sie waren zu uns gestoßen, um an der Enthüllung eines Denkmals teilzunehmen. Der Metalldesigner Rüdiger Schleicher aus Gräfentonna hatte es geschaffen, als dankbarer Zuschauer wollte er damit an die vielen FKK Beiträge erinnern, die

Hans-Joachim Wolle am Strand von Stubbenfelde, einem Ortsteil von Loddin, gedreht hatte. Bestimmt haben die Anwesenden, als der Blick freigegeben wurde, zuerst auf die beiden lebendigen weiblichen Nackedeis geschaut, ehe sie den FFK-Fernseh-Reporter bewunderten, der auch als Denkmal mit dem Tonbandgerät seine Männlichkeit geschickt verdeckte.

Auch zum Abendessen hatte das Fischrestaurant „Waterblick" eingeladen und auf Wunsch der Landratten gab es ausschließlich frischen Fisch. Gedünstet, gebraten und geräuchert. Als der Schmaus vorüber war, konnte der kurze offizielle Teil beginnen, in dem ich eigentlich nur Herbert Küttner aus Riesa danken wollte, der uns in den zurückliegenden 30 Jahren die meisten Fragen und Informationen geschickt hatte und den Geburtstagskindern ein Geschenk überreichen. Zeitungen vom 18.06.1972 in denen alle lesen konnten, was sich neben ihrer Geburt und der 1. Sendung von „Außenseiter-Spitzenreiter" sonst noch an diesem Tag ereignet hatte. Plötzlich trat Christine Trettin-Errath in die Mitte des Festzeltes und ergriff das Wort. Sie erzählte den Gästen, dass ich in letzter Zeit oft erzürnt gewesen sei, wenn sie und das Team Termine hatten, von denen ich nichts wusste. Die Aufklärung würde jetzt erfolgen. Ich müsste meine Blicke nur auf den hinter mir stehenden Großbildschirm richten. Zu Tränen gerührt bedauerte ich meine Zweifel, weil ich schon bald ermessen konnte, mit welchem Zeitaufwand sie eine Überraschungssendung für mich gestaltet hatten. Besonders bewegten mich die Grüße von Kurt Masur, der mir einst Gelegenheit gab, das Gewandhausorchester Leipzig zu dirigieren und der unserer Sendung von Anfang an verbunden ist. Auch meine alten Dresdner Kumpels Wolfgang Stumph und Gunther Emmerlich hatten sich für mich etwas ausgedacht und erinnerten an unser jahrelanges Bemühen, gemeinsam Skat zu spielen, was leider immer wieder an unseren Terminkalendern scheiterte. Noch steckte mir der freudige Schreck in den Gliedern, da fuhr ein Trabant vor, dessen Karosse mit zahlreichen Fotos und Schriften aus unserer Sendung versehen war. Wer anders als Volkmar Helbing aus Kirchheilingen konnte ihn gestaltet und vor das Festzelt gefahren haben. So war es auch. Neben seinen Glückwünschen konnten wir auch die Fahrzeugpapiere entgegen nehmen. Der Trabi war sein Geschenk für uns. Noch am Abend beschlossen wir, ihn für einen wohltätigen Zweck zu versteigern. Was auch kurze Zeit später an der Mosel, anlässlich eines Weinfestes in Moselkern, erfolgte. Eine besondere Freude bereitete uns auch Roberto Burian, der alle mit einem „Außenseiter"-Lied, bereits auf CD, überraschte und sich damit für unsere Reportage über die singende Stadt Bad Blankenburg bedankte. Musikalisch endete der Abend mit Darbietungen der Showband „Ohrwurm" von der Insel Usedom, die auch bis in die frühen Morgenstunden zum Tanz spielte. Beim Verabschieden erinnerte der Dauerschreiber Küttner aus Riesa daran, das bald unsere 250. Sendung folgen müsste. Wir konnten es bestätigen und den Sendetermin für Februar 2003 ankündigen. Dann allerdings ohne Feier, denn unsere Kräfte und Finanzen waren erst einmal aufgebraucht. Deshalb nahmen wir eine Einladung in den Entenzirkus von Bad Bevensen dankend an und deklarierten die Fahrt in die Lüneburger Heide als Erholungsreise.

Vor 35 Jahren hatte Benno Kröhnert seinem Sohn Helmut beigebracht, wie man Enten dressieren kann. Kurz bevor sie nach 28 Tagen schlüpfen, muss man den ersten Kontakt zu ihnen aufbauen. Schon nach einiger Zeit weiß man, welche Tiere besonders gelehrig sind. Sie muss man zum Anführer ihrer Gruppe erziehen. Nach einem halben Jahr kann man beginnen, erste Übungen einzustudieren und sollte besonders diejenigen fördern an denen sie Spaß haben. Die Vorführfläche bestand aus einer Art Parcours mit Laufstegen und Pyramiden. Der Reihe nach traten das Damenballett, die Jugendgruppe, die schwarze, weiße und braune Gruppe auf. Wir waren restlos begeistert, besonders Christine von den Pirouetten des Damenballetts.

Wenig zeigen konnten wir vom Hobby des Reinhard Bärtling aus Langenhagen. Er schreibt, meistens an Prominente, absurde Briefe, durch die sich in einigen Fällen umfangreiche Korrespondenzen mit zumeist recht pfiffigen Antwortschreiben ergaben. Darüber zu reden machte aber Spaß. Ca. 400 Briefe hatte er bis zum Stichtag verfasst. Auch einen an Bundeskanzler Gerhard Schröder, dem er sich als Zigarrenkippensammler vorstellte. Als Mitglied einer Gruppe, die über ganz Europa verteilt sei, suche er ständig diese „Dinger". Sie würden vakuumverpackt und wären in seinem Fall auch ein begehrtes Tauschobjekt. Der Bundeskanzler ließ über seinen Regierungssprecher Karsten-Uwe Heye mitteilen, dass er nicht bereit sei, „Zigarrenkippen" abzugeben. Ein neues Schreiben an den Bundeskanzler war bereits in Arbeit.

Anschließend besuchten wir die Hütesammlung von Renate Klingenberg in Bad Bodenteich, die uns 360 Kopfbedeckungen für Damen vorführen konnte. Da sie oft ausgeht, kamen ihr die vielen Hüte sehr zugute. Wenigstens mit 20 verschiedenen zeigte sie sich monatlich in der Öffentlichkeit.

Eine völlig andere Sammelleidenschaft hatte Brigitte Breuer in Laudert bei Koblenz erfasst. Sie hätte ihre Kollektionen zwar auch auf dem Kopf tragen können, wahrscheinlich aber sehr zur Verwunderung der Leute. Es handelte sich um Nachttöpfe von denen sie 450 Stück besaß. Einer schöner als der andere.

Zu den Nachttöpfen passte auf jeden Fall eine Kuhfladen-ausstellung im Landwirtschaftsmuseum in Krummhörn-Campen. Bei einem Spaziergang über ostfriesische Weiden hatte Bernd Eilts vor 10 Jahren bemerkt, dass die Exkremente einer Kuh, wenn sie auf dem Erdboden landeten ganz unterschiedliche Formen annahmen. Die Kuhfladen hatten schon immer eine Bedeutung für Ostfriesland.

In früheren Zeiten dienten sie getrocknet als Brennmaterial, dank seiner Haltbarkeit auch als Werkstoff und selbst die Moorlandschaft wäre ohne die Düngung damit, kaum zu erschließen gewesen. Und sogar als Heilmittel bei Verstauchungen und blauen Flecken hatten die Fladen ihren Dienst getan. Nun kam ein künstlerischer Aspekt hinzu. Eilts präsentierte seine skurrile Ausstellung unter dem Titel „Bullshit". Die ausgesuchten Exemplare lagen wie Kunstschätze in verschiedenen Glasvitrinen und der Betrachter konnte seiner Phantasie freien Lauf lassen. Bei einigen Beispielen zeigte die Masse eindeutige Bilder, z. B. einen Weihnachtsmann mit Bart oder eine aufgeblühte Rose. In einigen Fällen allerdings muss mein Blick getrübt gewesen sein. Was ich für einen schlafenden Bären hielt, war für den

Aussteller eine Wüstenlandschaft mit Oase. Apropos Oase. Zu einer „Überlebenschance" in unwirklicher Umgebung hätte auch das Baumhaus von Karl-Heinz Stamm werden können, das wir als nächstes besichtigten. Er hatte es massiv in eine Lärche gebaut und aus 14 Meter Höhe einen weiten Blick über die Elbauen. Während des Hochwassers kam ihm zum ersten Mal der Gedanke, dass man sich dahinein auch retten könnte. Doch glücklicherweise kamen die Fluten nur bis 1 Meter vor den Baum.

Wir freuten uns, dass der junge Sänger und Schauspieler Björn Casapietra sofort bereit war, uns seine Künste beim Blindschreiben einer SMS zu zeigen. Nebenbei beantwortete er Fragen seiner weiblichen Fans, die von ihm erfuhren, dass er im Moment wieder frei sei und noch immer auf die Mutter seiner Kinder wartet.

Ihm folgte ein Mann, der schon über 50 Jahre mit der gleichen Frau verheiratet und bei Messen und Ausstellungen für Blickfänge zuständig ist. Ludwig Schuch heißt er, der beispielsweise seine Hände im Spiel haben konnte, wenn irgendwo ein Wasserstrahl aus einem Rohr schießt, der auf der anderen Seite wieder in ein solches verschwindet. Er war Gast bei vielen internationalen TV-Stationen, wo er viel gezeigt, aber wenig verraten hat. So auch vor Jahren bei uns. Nun wollte er sich endgültig von der Showbühne verabschieden und in Schwedt seine letzten Arbeiten zeigen. Am Ende seiner Karriere sollte das Fernsehen noch einmal dabei sein und seine Lieblingsreporterin Christine Trettin-Errath bekam eine persönliche Einladung. Sein perpetuum mobile, das er vorstellte, funktionierte überraschend lange, so dass sie ihm riet, seinen Abschied zu verschieben. Vielleicht gelänge ihm doch noch das Wunder aller Wunder.

Christine bestieg im Zittauer Gebirge noch vor unserer 250. Sendung ihren ersten Gipfel. Einen von Oybiner Bergsteigern gebauten, privaten Kletterfelsen und ich besuchte wieder einen Zirkus. Diesmal keinen in dem Enten vorgeführt werden, sondern Forellen. Er ist im österreichischen St. Aegidi zu finden und sollte in den Sommermonaten besucht werden.

Vom Süden ging es wieder in den Norden. In Rostock wartete auf uns der schwerste Sumo-Ringer Deutschlands. Immerhin 195 kg brachte er auf die Waage. 2000 war er mit der Mannschaft Weltmeister geworden, 2001 Vizeweltmeister und auch zweiter bei den World Games. Außerdem Europa- und Vizeeuropameister 2002. Nun traf er auf eine 51 kg schwere Eiskunstlauf-Weltmeisterin, die er auf den Arm nahm, bevor sie versuchte ihn auf den Arm zu nehmen. Wenigstens erfuhren wir, dass er Vater einer Tochter, aber die Beziehung zur Mutter leider auseinander gegangen ist. Im sportlichen Teil kam es noch zur Demonstration der einfachen Sumo-Wettkampfregeln, zu denen vorsichtshalber schwergewichtige Trainingspartner bestellt waren. Bodenberührung und verlassen der Matte bedeuten das Ende.

Mein Ziel war, mich mit Ihnen gemeinsam an 250 Sendungen zu erinnern. Wir hätten es noch nicht erreicht, wenn wir uns an allen Stationen dieser langen Reise aufgehalten hätten. Was könnten wir uns denn zum Schluss aus der 250. noch für die Zukunft mit auf den Weg nehmen. Vielleicht die Begegnung mit Horst Büchner auf dem Dresdner Rathausturm, dessen „Goldenen Mann" er vor 40 Jahren zu neuem Glanz verhalf, wobei ich ihn leichtsinnigerweise in die schwindelnde Höhe begleitete. Unser Wiedersehen erinnerte daran, wie schnell doch die Zeit vergeht, oder wir machen uns Eva Stolze zum Vorbild, die mit 89 Jahren wöchentlich 2 mal das Fitnessstudio besucht. Denn nur wenn wir gesund bleiben, können wir gemeinsam noch viel bewerkstelligen und noch möglichst viele „Jubiläums-Außenseiter" senden. Ich wünsche es Ihnen und uns von ganzem Herzen.

P.S. Der Herausgeber des Buches „30 Jahre Außenseiter-Spitzenreiter" Karsten R. Lückemeyer wirkte in der 201. Folge der Sendung am 16.02.2000 mit. Damals war er noch in einer anderen Branche tätig und erfreute die Zuschauer als singender Autohändler.

Bitte beachten Sie auch weitere Angebote des Machtwortverlages, z.B.

G. Stach: „Die Kraft der Kieselsteine", Drei Märchen, nicht nur für Kinder
ISBN: 3-936370-04-4, Preis: 5,-€

G. Stach: „Die Quelle des Lebens", Christliche Lyrik
ISBN: 3-936370-03-6, Preis: 5,-€

H. Kraus: „Deutschland unter dem Hakenkreuz", Bemerkungen zur Deutschen Geschichte, Bd. III
ISBN: 3-936370-06-0, Preis: 9,-€

H. Kraus: „Stolz und Scham", Bemerkungen zur Deutschen Geschichte, Band X
ISBN: 3-936370-00-1 Preis: 5,-€

W. Müller: „...und der Weg war so weit", Abenteuerliche Schicksale unserer Zeit
ISBN: 3-936370-02-8, Preis: 9,-€

U. Hübler: „Die Geronten", SF-Roman
ISBN: 3-936370-07-9, Preis: 9,50€

U.Hübler: „Die Galaktische Union", SF-Roman
ISBN: 3-936370-27-3, Preis: 10,-€

A. Schade: „Mädchenträume", Lyrik
ISBN: 3-936370-08-7, Preis: 5,-€

E. Ruge: „Flieg mit mir in den Himmel", Schicksalsroman
ISBN: 3-936370-09-5, Preis: 8,-€

M. Kenn: „Das Schweigen brechen", Christliche Lyrik
ISBN: 3-936370-10-9, Preis: 5,-€

N. Aguh-Ijeh: „Von Schicksals Hand", Schicksalsroman
ISBN: 3-936370-11-7, Preis: 9,90€

M. Sippel: „Leben im Monatsreigen", Christliche Lyrik
ISBN: 3-936370-12-5, Preis: 5,-€

M. Schulz: „Geschichten aus dem Königreich Klitzeklein", Märchen
ISBN: 3-936370-13-3, Preis: 10,-€

A. Wenisch: „Fagus, Worte eines weisen Baumes", Naturbetrachtung
ISBN: 3-936370-14-1, Preis: 9,-€

P. Feger: „Die Wolfsmühle", Roman
ISBN: 3-936370-15-X Preis:10,-€

D. Adler: „Lebenslänglich?", Roman einer Ehe
ISBN: 3-936370-16-8, Preis: 9,50€

H. Hardege: „Eine Jugend in Dessau", Bericht eines Zeitzeugen
ISBN: 3-936370-17-6, Preis: 5,50€

J. Milbrath: „NAH UND FERN", Jugendbuch
ISBN: 3-936370-18-4, Preis: 5,-€

G. Semmler: „Zeitgedanken", Christliche Lyrik
ISBN: 3-936370-05-2, Preis: 5,-€

T. Nierenberg: „Den Göttern so nah", SF-Roman
ISBN: 3-936370-19-2, Preis: 10,-€

L. Corell: „Das Geheimnis des Wasserschlosses", SF-Roman
ISBN: 3-936370-20-6, Preis: 9,-€

B. Montag: „Einmal Tirol und zurück…", Reisebeschreibung
ISBN: 3-936370-21-4, Preis: 5,-€

O. Kraneis: „Jost, der Schäfer",
Historischer Roman
ISBN: 3.936370-22-2, Preis: 10,-€

K. Lückemeyer: „Wie mich der Schnawel jewachsen iss"
Geschichten in Dessauer Mundart
ISBN: 3-936370-23-0, Preis: 5,50€

J. Anbau: „Zwischen-Welten",
Meditative Texte
ISBN: 3-936370-24-9, Preis: 5,50€

J. Anbau: „Kabitsch-Ka", Satire
ISBN: 3-936370-25-7, Preis: 5,50€

J. Anbau: „Immenröder Geschichten…", Satire
ISBN: 3-93637027-3, Preis: 7,50€

P.Feger: Lebenselixiere, Lyrik
ISBN: 3-936370-28-1, Preis: 8,50€

L. Corell: „Mord in Apothekerkreisen", Krimi
ISBN: 3-936370-29-X, Preis: 9,-€

H.G. Lang: „Julie Winter und die Schule der Einhörner", Fantasy
ISBN: 3-936370-30-3, Preis: 10,-€

J. Göttler: „Herbst auf Sardinien",
Krimi
ISBN: 3-936370-31-1, Preis: 5,50€

B. Island: „Planet der Feuerfelsen",
Fantasy
ISBN: 3-936370-32-X, Preis: 5,50€

K. Willmann: „Heilung in Haus 50 B", Roman
ISBN: 3-936370-33-8, Preis:

K. Willmann; „Sand in Stasimühlen", Roman
ISBN: 3-936370-34-6, Preis:

A. Essig: „Marienkäfer Max", Kinderbuch
ISBN: 3-936370-35-4, Preis: 5,50€

E. Peter: „Die Petermanns", Kinderbuch
ISBN: 3.936370-36-2, Preis: 5,50€

T. Anne: „Teddy ist mein Freund",
Kinderbuch
ISBN: 3-936370-37-0, Preis: 5,50€

P. Feger: „Blühe ewig, wilder Mohn", Roman
ISBN: 3-936370-39-7, Preis: 10,-€

Weitere Informationen erhalten Sie im Internet unter:
http://www.machtwortverlag.de
Bei Interesse fragen Sie Ihren Buchhändler!

Autoren gesucht!

Lieber Leser!

Hat Ihnen das vorliegende Buch gefallen? Haben Sie vielleicht selbst schon einmal daran gedacht, ein Buch zu veröffentlichen? Dann können wir Ihnen vielleicht helfen. Der Machtwortverlag aus Dessau sucht ständig gute Manuskripte aus allen Gebieten der Literatur zur Veröffentlichung. Schicken Sie uns einfach Ihr Manuskript zu, wir setzen uns danach direkt mit Ihnen in Verbindung.

Machtwortverlag,
Orangeriestr. 31,
06847 Dessau, Tel./Fax: 0340-511558, e-mail: machtwort@web.de